爱与教育

Love and Education

谢桂新　著

吉林大学出版社

图书在版编目(CIP)数据

爱与教育 / 谢桂新著. —长春：吉林大学出版社，
2018.9
ISBN 978 – 7 – 5692 – 3099 – 4

Ⅰ. ①爱… Ⅱ. ①谢… Ⅲ. ①教育理论 Ⅳ. ①G40

中国版本图书馆 CIP 数据核字(2018)第 214953 号

书　　名　爱与教育
　　　　　AI YU JIAOYU

作　　者　谢桂新　著
策划编辑　朱　进
责任编辑　朱　进
责任校对　高桂芬
装帧设计　童慧燕
出版发行　吉林大学出版社
社　　址　长春市人民大街 4059 号
邮政编码　130021
发行电话　0431 – 89580028/29/21
网　　址　http://www.jlup.com.cn
电子邮箱　jdcbs@jlu.edu.cn
印　　刷　三河市嵩川印刷有限公司
开　　本　787mm × 1092mm　1/16
印　　张　13
字　　数　180 千字
版　　次　2019 年 1 月第 1 版
印　　次　2023 年 9 月第 3 次
书　　号　ISBN 978 – 7 – 5692 – 3099 – 4
定　　价　52.00 元

序

　　有了爱，未必就有教育。可是，没有爱，怎么会有教育呢？教育是爱的事业，弥漫着爱的气息。爱是教育的灵魂，充盈着感性、知性与理性。谢桂新博士的专著《爱与教育》即将出版了，作为她的指导老师，在见证她学术成长的同时，也为能分享她的研究成果而由衷地欣慰。

　　教育中的基本问题即教育与人的关系、教育与社会的关系。围绕着以上两个基本问题，学者们研究了"幸福与教育""公正与教育""精神与教育""生命与教育"等与教育密切相关的各种理论和实践问题。虽然关于"爱的教育""教育爱"的问题已经有研究者进行了多方面的研究，但是对于"爱与教育"的专题研究，还有很大的研究空间有待拓展。作者将"爱与教育"作为研究选题，表明了其敢于挑战、勇于探索的学术精神。记得师生在一起探讨研究题目的时候，作者曾说过"我要抢先为'爱与教育'这个论题注册"，玩笑间可见其愿意为教育理论著书立说的信心和勇气。

　　"爱"的研究是"爱与教育"研究的基础。爱作为人类的一个永恒主题，是世界上最简单也是最复杂的社会现象。当爱出现在人类的感性世界中，显得简单明了，散发出无穷的魅力；当爱介入到人类的知性世界时，既有感性特征又有理性精神；当爱进入人类的理性世界时，似乎又成为一个抽象的字眼，变得歧义丛生，难于形成令人信服的共识。本书中从"爱的存在：主体、客体、载体""爱的发生：知、情、意、行""爱的境界：真、善、美"等几个维度对"爱"进行解读，显示了作者独到的视角和深邃的哲学思辨能力。特别是"爱的发生是人知、情、意、行的有机结合和统一"这一观点的提出，将人们从对爱的情感层面的认识，带入到爱的认知、爱的执着、爱的践行等知、意、行层面的认识，言之有理、言之有序、言之有物，为后文阐述爱在教育中的重要意义奠定了理论基础。另外，书中将爱的境界分为真、善、美三个层次，并提出教育爱即最高层次的爱，把教育爱从道德境界升华为精神境界，从师爱升华为全体教育工作者的爱，从教育教学中的爱升华为整个教育事业中的爱，拓展和更新了人们对教育爱的认识，显示了较为宽阔的学术视野和较为深邃的教育视界。

教育是有目的地培养人的社会实践活动。爱作为人类特有的精神样态和现实行为，与培养人的教育活动有着千丝万缕的联系。关于爱与教育的关系，本书也及时给与了应答。本书从教育的起点、教育的发展、教育的终极目的中，找寻爱对教育的作用，提出爱是教育的动力因素、爱是教育超越的支点、实现教育的终极目的需要爱；又从需要与可能两个方面，论证了教育对爱的普及与升华具有重要作用。虽然书中的个别观点稍显稚嫩，但对爱与教育关系的研究，还是极大地拓展了教育基本理论的研究空间。在教育从工具取向向人性取向发展的过程中，探讨爱与教育的关系，对教育的精神性进行反思和厘清，其理论意义和实践意义不言而喻。也许研究的结论并不完美，但能合乎情理、抛砖引玉、予人启发，我相信在这个追求开放精神的时代，这种探索精神还是应该受到鼓励和支持。

如果说以"法"治教是对教育之"真"的追求，以"德"治教是对教育之"善"的追求，那么以"爱"治教，则是对教育之"美"的追求。这种追求或许有一些理想化，但我相信并不是乌托邦，我希望它是一粒种子，在爱的阳光和雨露滋润下，健康地成长起来，并成就我们的教育生态。

柳海民

2018 年 8 月 8 日

摘　要

　　教育是爱的事业，爱与教育具有天然的内在联系，我们应该对教育爱有更为宏观的认识和关注。教育爱不仅只是教师之爱，更是所有教育工作者的爱，是他们在整个教育事业中表现出来的具有精神性、智慧性、文化性等教育品性的爱。本书采用文献法、案例分析法等研究方法，从以下六个方面对爱与教育的相关问题进行了研究和探索。

　　第一章，爱的理性认识。本书首先从语义学、哲学、心理学、社会学、宗教、文学等几个层面对爱的源流进行了梳理。其后，本书对爱进行了全面解析，明确爱的存在必然包含有主体、客体、载体，爱的发生必须有知、情、意、行的共同参与，爱有真、善、美三种境界等认识。

　　第二章，爱与教育的关系研究。爱之于教育的重要作用，似乎是一个不言自明的问题。但爱对教育到底有什么作用，体现在哪些方面，作用程度如何，教育对爱的普及与升华有没有反作用等，却是很少有人问津的课题。本章在反思与分析教育道德性起源观的基础上，指出爱是教育的动力因素。从"量"的超越、"质"的超越、"史"的超越等层面，笔者论述了爱是教育超越的支点。在论证教育的终极目的是学生的幸福、爱是人的基本需要的基础上，指出实现教育的终极目的需要爱。最后，本章从需要与可能两个方面，论证了教育对爱的普及与升华具有重要作用。

　　第三章，教育爱的新视界。本书认为，教育爱是教育工作者在整个教育事业中的爱；是教育工作者在教育的决策、组织、实施以及评价等教育活动中所表现出来的对全体受教育者的普遍关心、负责、理解和尊重；是教育工作者在本能和道德约束之外，对祖国、民族、教育事业以及学生幸福发展的精神向往和行动智慧。教育爱具有精神性、智慧性、文化性等教育品性，其构成要素包括关心、责任、尊重和公平。最后，本书论证了教育爱在人与社会的协调发展和发挥教育潜能两方面的独特价值。

第四章，教育中爱的缺失现状审视。本章从宏观和微观两个视域审视了教育中爱的缺失的现实状况。宏观视域的审视，笔者主要从教育目的、教育体制、教育政策、教育实践等方面进行了分析；微观视域的审视，则从学校的现状、教师的形象、学生的境遇等方面进行了审视和分析，进而展示了一部分因爱的疏离而导致的不和谐的教育图景。

第五章，教育中爱的缺失归因分析。首先是从自然环境、经济发展水平、政治体制等社会层面做出了分析。其次是从哲学维度进行的考察，包括科技理性的僭越和价值理性的迷失、功利主义的戕害与教育的工具化、主体性与教育中的主客对立等三个方面的内容。最后是对教育自身所做出的追问，包括传统教育观的负面效应、应试教育的尴尬与无奈、教师素质和地位的影响等几个方面的内容。

第六章，爱与教育结合的实施策略。首先是环境的营造，包括完善经济体制、发挥政治优势、健全教育法制、发展教育伦理、高扬教育精神等方面内容。其次是教育工作者需进行观念的更新，具体包括要将学生视为学习与创造之灵、认识到教育中蕴含着幸福而不完全是劳累和付出、树立为教育服务的理念等方面的内容。最后是实践的转向，笔者从政府的实践方向、学校的实践路径、教师的实践范式等三个维度进行了建构。

本书在对"爱"进行理性认识的基础上，深度剖析了"爱与教育"的关系。进而从一个更加宏观的视界解读"教育爱"，确立了教育爱是在整个教育事业中的爱、是全体教育工作者的爱、是具有教育品性的爱的基本共识。接着，在审视爱与教育分离现状的基础上，分析原因，提出了爱与教育相结合的实施策略。本书从传统意义上的师爱走向了更为广阔的教育爱和教育关怀，其宗旨在于：使教育真正成为有生命的教育、有尊严的教育、有意义的教育、追求幸福的教育。

目　录

导　论

一、研究缘起与研究对象

(一)研究缘起

本书之所以选题为"爱与教育",是因为它是一个"真问题"①,是"教育理论的发展或教育实践的改善迫切需要解释与解决,且研究者本人也有研究欲望与研究热情的问题"。②

首先,爱与教育的问题是一个重要的教育理论问题。关于爱、教育爱的问题虽然有研究者已经进行过许多研究,但大多是一些情感的呼吁和成功的经验之谈,很少有人进行系统的总结和理性的审视。特别是关于爱与教育关系问题的研究,至今未见有人进行系统而深入的探讨。人是有爱的动物,爱与被爱是人的基本需要。教育作为属于人的事业、为了人的事业、培育人的事业,尤其需要爱。因此爱与教育的问题绝不仅仅是一个不证自明、无病呻吟的问题,而是关涉到教育精神、教育信仰等层面的一个非常重要的教育理论问题,需要我们对其进行系统的梳理和深入地研究。另外,一个在理论上非常重要的问题之所以无人进行系统而深入的研究,可能是由于在大多数人看来,"爱"是只可意会不可言传、只可感受不可触摸的字眼和领域,因此"爱与教育"也是一个无从下手、颇具理论难度的问题。正是由于其不深入、很重要、又有难度,所以需要迎难而上,对于这样一个似乎人人自明、实则空间广阔的问题域进行探索和研

---

① 吴康宁.教育研究应研究什么样的"问题"[J].教育研究,2002(11):8-11.
② 吴康宁.教育研究应研究什么样的"问题"[J].教育研究,2002(11):8-11.

究,给予其理论上的解释和应答。

其次,爱与教育的问题是改善我国当前教育实践状况迫切需要解决的问题。教育中的爱不仅仅是教师之爱,还是教育决策者、教育管理者、教育组织者、教育实施者等人的爱;教育中的爱不仅仅是爱的情感,更是爱的意志、爱的行动和爱的智慧。然而在我国当前的教育实践中,许多时候教育工作者并不对学生付出真正的爱,而是将学生视为实现自身利益的工具和手段。学生在教育中享受不到应有的爱与承认,甚至有时是身体的折磨和精神的控制、本性的扭曲和创造力的泯灭等。基于对中国教育的深切关怀,对教育爱的殷殷期盼,本书选择爱与教育进行研究,旨在超越以往对爱与教育关系的表层认识,走出对教育爱的体会和经验之谈,明晰爱的本真,探寻教育爱的内涵和价值,在提出问题的基础上分析问题、解决问题,从而为教育爱的实践提出可能的策略。

再次,爱与教育的问题符合研究者本人的研究旨趣。从小学到大学、从中师到高师、从受教育者到教育者,本人在经历各种教育场景,体验各种角色变换的过程中,既感受到了爱的温暖和力量,也体会过爱的缺失所带来的无奈,所以对"爱与教育"中的相关问题具有较强烈的探究欲望。另外,任何愉快而有意义的研究都必须有一个比较一致的起点,就是研究兴趣。爱是一个温馨的字眼,教育爱则在温馨的基础上融入了更多的理性、智慧和责任,作为一个女性研究者,本人对爱的研究情有独钟;作为一个教育工作者,本人对教育爱的实践感同身受。因此,选择"爱与教育"作为研究选题符合本人的研究兴趣。

基于以上缘由,本人选择"论爱与教育"作为本书的题目进行研究。

(二)研究对象的说明

本书对爱和教育爱进行了全新的解读,形成了爱和教育爱的理性认识,进而深度剖析了爱与教育的关系,在审视爱与教育分离现状的基础上,分析原因,提出了爱与教育相结合的实施策略。

随着终身教育思潮的兴起,教育的广义概念越来越得到大众的接受和认同,所以提及教育应该对其作以必要的界定,本书所讨论的教育是指制度化的学校教育。

本书对现状的审视部分,主要针对的是当代中国教育的现状。关于"当代中国"时限的界定主要有两种界定方式,一种是指 1949 年以后的中国,另一种是指 1978 年改革开放以后处于社会转型期的中国。本书所研究的"当代中国"教育主要是指改革开放至今的中国教育。但由于任何问题的发生和发展都离不开传统的影响和规约,所以在 1949—1978 年期间新中国的一段教育历程也有时会进入研究者的视野。

本书的题目为《爱与教育》,其中对教育爱的界定,是指教育工作者对受教育者(学生)的爱。其实爱是相互的,爱与被爱都是人的基本需要,所以在教育中也存在教育行政官员、校长、教师、学生等人之间相互的爱与被爱,但为了论域的相对集中、重点突出,文中只讨论了教育工作者对受教育者(学生)的爱,其他几个维度的爱可能成为后续研究的重点。本书中"受教育者"和"学生"都是教育爱的对象,所指是相同的,只是为了行文的方便或由于语境的不同在书中可能交替使用。

由于本书是对教育现实的一种审视和反思,是针对问题而不是为教育歌功颂德,所以对当代中国教育的繁荣景象不再提及或较少提及,这并非是对教育发展所取得成绩的漠视,也无意苛责或否定当代中国的教育。当代中国教育的主流还是好的,爱与智慧在教育中依然广泛存在。

二、研究现状与研究方法

(一)研究现状

目前学术界关于爱与教育的专题研究并不多见,但关于教育爱的研究却有很多,其中既有体会和经验之谈,也有系统的理性分析。另外,由于教育爱的基本要素是关心、责任、尊重和公平(详见本书第三章),本书关于爱与教育的研究也是以此为基点而展开的,所以研究现状的描述也就从教育爱、教育关心、教育责任、教育尊重、教育公平等几个方面进行展开。

1. 关于教育爱的专门研究

高德胜在《论爱与教育爱》①中指出,从广义上说,教育者对受教育者的爱和受教育者对教育者的爱都属于教育爱。他所研究的是狭义的教育爱,即教育者对受教育者的爱。并指出教育爱具有类似母爱的性质,或者说教育爱是一种"类母爱"。之所以说教育爱是"类母爱",因为二者除了相似,还有相异。教育爱是基于教育者的天职而产生的爱,与自然而然的母爱相比,多了一些理性色彩,不是"天经地义",而是"理所当然";教育爱是一种普遍之爱,体现的是人类的一种博爱情怀;教育爱有母爱的味道,也有父爱的色彩,严格要求是教育爱的表现方式之一。最后,文中分析了给予、关心、尊重、了解和理解等教育爱的构成性要素。王毓珣认为,弥漫在各类教育中的教育爱是促进我国教育振兴的关键因素之一。他在《关于教育爱的理性思索》②中谈到,教育爱是教育者所具有的对其本职工作的浓厚的情感,它是教育中不可或缺的重要因素。教育爱具有表率性、传递性、无私性、信念性、恒常性、系统性、原则性和共生性等特征。教育爱的来源和表现在于职业理解、职业理想、职业意志、职业责任感与职业良心、教育实践和爱的反馈。杨钦芬在《教育爱:意蕴、特点与践行》③中的观点为:教育是提升人格、唤醒心灵的文化传递活动,爱是教育的精神立场。教师的教育爱应具有教育学意蕴:教育爱赋予儿童生命,教育爱架起师生心灵沟通的桥梁,教育爱成就师生的幸福人生。教育爱具有情境性、理智性、生爱性等特点,教师践行教育爱应替代父母关系,构筑爱的灵魂;理解学生,奠定爱的前提;语言沟通,营造爱的天空;积极对话,沟通爱的桥梁。秦元东研究了《教育爱的三种境界》④,认为教育爱是教育者施予儿童之爱,指向性的不同体现了教育爱的不同境界,即一、喜欢:指向儿童的优点;二、喜爱:包容儿童的缺点;三、真爱:超越儿童的优缺点。高

① 高德胜.论爱与教育爱[J].教育研究与实验,2009(3):1-6.

② 王毓珣.关于教育爱的理性思索[J].中国教育学刊,2001(4):20-25.

③ 杨钦芬.教育爱:意蕴、特点与践行[J].现代中小学教育,2009(1):11-13.

④ 秦元东.教育爱的三种境界[J].上海教育科研,2008(6):23-24.

文毅在《简论教育爱》①中谈到,培养广大教育工作者深厚的教育爱,是加强队伍建设的基础和关键。认为教育爱是教育工作者基于对职业的理解,为实现职业理想,本着职业良心,在教育实践中产生的超越血缘关系的一种爱,是以教育任务及受教育群体为对象的,在教育过程中表现出来的一种高尚的道德境界、执着的敬业精神、富于人道的教育艺术和对自我职业行为充分肯定的价值取向。肖昕华则《从罗尔斯的正义原则解读教育爱》②,他借鉴罗尔斯的正义理论,对教育爱做一种新的阐释。认为教育爱是指教育者在教育劳动实践中所产生的对受教育者的自觉、真诚、普遍、持久的超越血缘关系的一种爱,这种爱伴随着教育者的全部职业生涯,也伴随着受教育者的全部学习过程。教育爱包含多个要素,如理解、宽容、公正等等,从某种意义上说,公正是教育爱的尺度,也是鉴别教育的尺度。只有将教育爱赋予正义的内涵,才真正抓住了教育爱的本质。他进而提出,根据罗尔斯的正义原则,真正的教育爱应当遵循公正、补偿、差异三原则。颜建军在《教育爱的失落——师生关系中反和谐的病理分析》③中,从病理学的角度对应试教育中教育爱的失落现象进行了研究,认为其病根为:一、传统教育过程观的负效应,二、应试教育中单一的价值取向,三、传统教育目的观的错位。

2. 关于教育关心及教育关怀的研究

谈及教育中的关心,最著名的当属内尔·诺丁斯在其著作《学会关心——教育的另一种模式》④中所提出的以关怀道德教育为核心的关怀教育思想。在该书中,内尔·诺丁斯呼吁在课程和教学方面都需要一个根本性的改革,以便使教育真正面向全体学生。学校必须注重学生的全面发展,而不是仅仅着眼于少数学生的学术进步。侯晶晶在其博士论文《关怀德育论》中对诺丁斯的关怀道德教育思想进行了系统的研究,认为

① 高文毅.简论教育爱[J].现代教育科学,2004(13):17-20.

② 肖昕华.从罗尔斯的正义原则解读教育爱[J].大学教育科学,2006(5):78-80.

③ 颜建军.教育爱的失落——师生关系中反和谐的病理分析[J].全球教育展望,2004(6):51-52.

④ [美]诺丁斯.学会关心——教育的另一种模式[M].于天龙译.北京:教育科学出版社,2003.

"她从关怀伦理走向的不是狭义的道德教育,而是教育的道德性和广义的道德教育,即有道德的教育、幸福的教育、健康的教育"①。甘剑梅在《论"关心"的教育品性》②中指出,关心是教育的一种基本品性,它只能显现于教育性的关心行为之中。教育意义的关心具有特定的专业含义和哲学本性,即是精神性、智慧性和文化性。梁明伟对教育关怀进行了较为深入的研究,发表了一系列与之相关的论文③,他认为教育关怀是指以政府为代表的所有利益主体或利益代理人,从教育的途径在总体上关注并致力于改善所有人的生存状况。政府作为社会资源和价值的整合者和管理者,是教育关怀最大的责任主体和义务主体。教育关怀体现了新时期我国教育价值取向的转型:从"社会本位"到"以人为本"、从"效率至上"到"兼顾公平"、从"城市中心"到"关注农村"、从"精英教育"到"大众教育"等方面进行转变。宋晔研究了《教育关怀:现代教育的道德向度》④,认为关怀具有生物学基础,是一种基础性德性品质,是人的共生性的必然诉求,能满足当代学生的心理需要。因此教育关怀在现代教育中具有重要的价值,它是对学生的心理关怀、生命关怀和发展关怀。教育关怀不是一般意义上的师爱,而是蕴涵着对话、尊重、理解、聆听和宽容等特点。曲振国在《论教育关怀的制度保障》⑤中再次重申了教育关怀是政府的基本责任。在教育制度层面政府应该合理配置教育资源,完善终身教育体系,规范教育市场机制,以此保障教育关怀的实现,使每个人特别是弱势群体获得平等的受教育机会。

① 侯晶晶. 关怀德育论[M]. 北京:人民教育出版社,2005:9.

② 甘剑梅. 论"关心"的教育品性[J]. 教育理论与实践,2002(12):1-5.

③ 梁明伟. 教育关怀:现代社会必要的教育理念[J]. 教育理论与实践,2004(6):18-22;梁明伟. 教育关怀:新时期我国教育价值取向的转型[J]. 当代教育科学,2005(23):3-5;梁明伟. 论教育关怀的制度安排[J]. 教育科学,2006(1):5-8.

④ 宋晔. 教育关怀:现代教育的道德向度[J]. 教育理论与实践,2007(10):39-42.

⑤ 曲振国. 论教育关怀的制度保障[J]. 教育探索,2007(11):54-55.

3.关于教育责任的研究

刘复兴在《政府的基本教育责任:供给"公平"的教育政策》①中提出,我国宏观教育政策长期以来存在明显的城市偏向、高等教育偏向、公办教育偏向和精英教育偏向,教育政策制定主要是以"自上而下"精英决策为主,难以全面保障教育的公益性、教育的公共参与以及教育利益分配、公共参与的公平性。政府有责任供给"公平"的教育政策,推动建立教育的公共治理模式。连建华在《论基础教育阶段政府的教育责任》②中重点谈了政府具有发展基础教育的权力和责任,政府应优先保证对基础教育的投资,注意基础教育发展的平衡和公正,并通过法律规范基础教育的发展,正确引导、规范社会力量办学,切实承担起政府的教育责任。崔振成在《教育责任意识的缺失与重构》③中从政府、学校、教育主体三个维度来观照教育责任意识正在日趋缺失淡薄这一事实,并从上述三个向度来重建普遍意义上的教育责任意识。

4.关于教育尊重的研究

王澍,柳海民在《论尊重与"尊重的教育"》④中分析了"尊重的教育"的理论内涵与前提性问题,提出"尊重的教育"是兼具目的与过程、感性与理性、认知与行动的教育理论,并引用雅斯贝尔思的话说:"全部教育的关键在于选择完美的教育内容和尽可能使学生之思不误入歧途,而是导向事物的本源。教育活动关注的是,人的潜力如何最大限度地调动起来并加以重视,以及人的内部灵性与可能性如何充分生成。"鲁超在《尊重教育文化要素之重构探析》⑤中,通过比对传统尊重教育来观照新尊重

---

① 刘复兴.政府的基本教育责任:供给"公平"的教育政策[J].北京师范大学学报(社会科学版),2008(4):5-10.

② 连建华.论基础教育阶段政府的教育责任[J].河南师范大学学报(哲学社会科学版),2009(2):218-220.

③ 崔振成.教育责任意识的缺失与重构[J].辽宁师范大学学报(社会科学版),2008(5):63-65.

④ 王澍,柳海民.论尊重与"尊重的教育"[J].东北师范大学学报(哲学社会科学版),2009(3):1-7.

⑤ 鲁超.尊重教育文化要素之重构探析[J].当代教育论坛,2009(9)(下半月刊):22-23.

教育的精神内核,从单一主体观到教与学的双核理念、从"唯结果论"到关注学习过程的多维评价、从高度重视应试能力到尊重生命的可持续发展、从漠视个性发展到尊重社会客观需要等方面对尊重教育文化的要素进行了重构。刘文琪在《尊重:教育的应有之意》[①]中提出,实施尊重的教育是每一个教育工作者的追求。要尊重生命,把儿童当作和自己一样有尊严、有需要、有独特个性、有自我情感的生命个体;要尊重学科规律,积极探索高效的教育教学,以实现教育的价值追求。

5.关于教育公平的研究

从20世纪60年代开始,西方学者先后将教育公平问题作为教育界研究的重要课题开始实际调查和理论研究。我国从20世纪90年代开始,对教育公平问题的研究也逐渐丰富起来。特别是2002年以后,教育公平问题逐渐成为研究的热点。以"教育"和"公平"为关键词,对中国期刊网进行论文检索,近三年里(2009年—2011年)符合条件的就有一千余篇文章。西方学者颇具代表性的观点有:科尔曼的教育机会均等的观念、胡森的教育机会均等理论、詹克斯的教育公平观念等。国内的学者,则分别从教育法学、教育伦理学、教育经济学、教育哲学、教育政策学和教育社会学等学科角度对教育公平进行了阐释,形成多种解读。综合国内学者的论点,比较趋同的是,认为教育公平是指全体社会成员可以自由、平等地选择和分配各层次公共教育资源。在现实社会条件下,教育公平应包含教育起点的公平、教育过程的公平和教育结果的公平。随着世界各国教育改革的发展,理论界的讨论热点由最初提出入学机会均等,扩展到教育选择的自由、资源分配的公平,再延伸到教育过程的公平、重视个人潜能的充分发展等方面。[②]

以上研究资料为本书奠定了重要的研究基础。通过这些研究资料,

---

① 刘文琪.尊重:教育的应有之意[J].上海教育科研,2008(4):90.

② 吕星宇.论教育过程公平[D]:[博士学位论文].上海:华东师范大学,2009;刘欣.由教育政策走向教育公平——我国基础教育政策的公平机制研究[D]:[博士学位论文].广州:华中师范大学,2008;刘复兴.我国教育政策的公平性与公平机制[J].教育研究,2002(10);杨东平.对我国教育公平问题的认识和思考[J].教育发展研究,2000(8);田正平.教育公平新论[J].清华大学教育研究,2002(1).

可以透视出许多爱之于教育的价值和意义,也可以寻迹到一些爱与教育融合的理论依据和现实路径。同时,通过对研究现状的梳理,我们也发现,已有的研究成果虽然也关照到了教育爱的重要性及教育中爱的缺失问题,但对"爱与教育"这一课题系统、深入的思考和研究并不多,特别是现今对教育爱的品性和教育爱的基本要素的全面解读、对爱与教育关系的哲学沉思等系统、综合的研究成果还没有,所以这方面的研究空间还十分广阔,是一个需要加以关注,不断拓宽和不断深化的研究领域。

(二)研究方法

在充分占有研究资料的基础上,本书主要采用了如下方法进行研究:

1. 文献法。研究方法的选择是由研究对象的性质决定的,本书"爱与教育"不是一个实证科学的问题,而是一个教育哲学的问题,所以在研究方法论上是以思辨为主,主要采用的是文献法。本书注重利用哲学、伦理学、心理学、社会学等学科的理论资源,尽可能多渠道地获得与本论题相关的文献资料,在对大量的文献资料进行背景分析、逻辑分类和深度阅读的基础上,对爱与教育的问题进行理论诠释。

2. 案例分析法。本书通过对具体实例的介绍和分析,从更深的层面上挖掘、扩展研究思路,认识教育中存在着哪些爱的问题,并从案例中获得解决问题的方法和策略。另需说明的是,用来证明爱与教育分离的实践材料并不能证明我国当前的教育完全是没有爱的。我国的教育成就和教育爱的良好反响是有目共睹的,但是为了证明本书的基本观点,笔者将所要涉及的现象在研究者的视域里以更大的表象呈现出来,以便看得更清楚、研究得更深入。所以,从本书中看到的多是爱之流离和教育之不幸,但我们应该认识到,这只是我国教育的"支流"。

三、研究思路与研究内容

(一)研究思路

本书除了前面的"导论"和后面的"结语"外,核心内容共分六章,大体是依据"起、承、转、合"的研究思路。第一章为"起",即是对爱的理性认识,这是全书立论的基础。第二章、第三章为"承",说明爱与教育具有天然的内在联系,使教育爱顺理成章地成为本书的核心概念。第四章为"转",通过事实和案例,从宏观和微观两个视域说明在教育实践中,爱与教育之间的联系被割裂和破坏了。第五、第六章为"合",在分析爱与教育割裂原因的基础上,提出爱与教育相结合的实施策略,意在使教育回归到它的正途之上,真正成为与爱紧密结合的教育。本书力求结构严谨,有起有伏,有破有立,使整本书的结构能够紧密结合人的思维逻辑,成为一个环环相扣的思想体系。

(二)研究内容

遵循以上的研究思路,本书的主要研究内容如下所述。

第一章,爱的理性认识。本书首先从语义学、哲学、心理学、社会学、宗教、文学等几个层面对爱的源流进行了梳理。其后,本书对爱进行了全面解析,明确爱的存在必然包含有主体、客体、载体,爱的发生必须有知、情、意、行的共同参与,爱有真、善、美三种境界等认识。

第二章,爱与教育的关系研究。爱之于教育的重要作用,似乎是一个不言自明的问题。但爱对教育到底有什么作用,体现在哪些方面,作用程度如何,教育对爱的普及与升华有没有反作用等,却是很少有人问津的课题。本章在反思与分析教育道德性起源观的基础上,指出爱是教育的动力因素。从"量"的超越、"质"的超越、"史"的超越等层面,笔者论述了爱是教育超越的支点。在论证教育的终极目的是学生的幸福、爱是人的基本需要的基础上,指出实现教育的终极目的需要爱。最后,本章从需要与可能两个方面,论证了教育对爱的普及与升华具有重要作用。

第三章,教育爱的新视界。本书认为,教育爱是教育工作者在整个教育事业中的爱;是教育工作者在教育的决策、组织、实施以及评价等教育活动中所表现出来的对全体受教育者的普遍关心、负责、理解和尊重;是教育工作者在本能和道德约束之外,对祖国、民族、教育事业以及学生幸福发展的精神向往和行动智慧。教育爱具有精神性、智慧性、文化性等教育品性,其构成要素包括关心、责任、尊重和公平。最后,本书论证了教育爱在人与社会的协调发展和发挥教育潜能两方面的独特价值。

第四章,教育中爱的缺失现状审视。本章从宏观和微观两个视域审视了教育中爱的缺失的现实状况。宏观视域的审视,笔者主要从教育目的、教育体制、教育政策、教育实践等方面进行了分析;微观视域的审视,则从学校的现状、教师的形象、学生的境遇等方面进行了审视和分析,进而展示了一部分因爱的疏离而导致的不和谐的教育图景。

第五章,教育中爱的缺失归因分析。首先是从自然环境、经济发展水平、政治体制等社会层面做出了分析。其次是从哲学维度进行的考察,包括科技理性的僭越和价值理性的迷失、功利主义的戕害与教育的工具化、主体性与教育中的主客对立等三个方面的内容。最后是对教育自身所做出的追问,包括传统教育观的负面效应、应试教育的尴尬与无奈、教师素质和地位的影响等几个方面的内容。

第六章,爱与教育结合的实施策略。首先是环境的营造,包括完善经济体制、发挥政治优势、健全教育法制、发展教育伦理、高扬教育精神等方面内容。其次是教育工作者需进行观念的更新,具体包括要将学生视为学习与创造之灵、认识到教育中蕴含着幸福而不完全是劳累和付出、树立为教育服务的理念等方面的内容。最后是实践的转向,笔者从政府的实践方向、学校的实践路径、教师的实践范式等三个维度进行了建构。

本书在对"爱"进行理性认识的基础上,深度剖析了"爱与教育"的关系。既而从一个更加宏观的视界解读"教育爱",确立了教育爱是在整个教育事业中的爱、是全体教育工作者的爱、是具有教育品性的爱的基本共识。接着,在审视爱与教育分离现状的基础上,分析原因,提出了爱与教育相结合的实施策略。本书从传统意义上的师爱走向了更为广阔的教育爱和教育关怀,其宗旨在于:使教育真正成为有生命的教育、有尊严的教育、有意义的教育、追求幸福的教育。

四、可能创新与努力空间

(一)可能创新

1.研究视野的创新。本书力图突破以往将教育爱等同于师爱的思维逻辑,研究了宏观视域中的教育爱①,这是从一个更广阔的视野来审视和关注当代中国的教育,并在此基础上提出爱是教育的动力和支点等相应命题。因此本研究从传统意义上的师爱走向了更广阔的爱与教育、教育爱和教育关怀等领域,使教育真正成为有生命的教育、有尊严的教育、有意义的教育、追求幸福的教育。

2.研究内容的创新。本书首先从教育哲学的视角来解读爱,又在解读爱的基础上解读爱与教育的关系以及教育爱等。对爱的解读突破了爱仅仅是一种情感的单向认识,深入解析了爱是知、情、意、行共同作用下的完整过程,从理论上为爱正名。进而提出了爱的三种境界,认为真正的爱是精神境界的爱。在此基础上,顺理成章地推断出教育爱不仅仅是教育道德,更是教育精神;教育爱不是"痛苦的"的"给予",而是丰盈自在的"幸福"的"涌泻"。因此,本书的研究内容是在前人相关研究成果基础之上,对爱与教育等相关问题的全新认识和感受。

(二)努力空间

1.本书题目为《爱与教育》,但书中重点谈的是教育者对受教育者的爱,至于教育中其他主体之间的爱与被爱则少有涉猎,这虽然突出了重点,显示了对学生的深度关怀,但也使本书的研究内容略显薄弱。因此后续研究可以以此为切入点,将"爱与教育"这一论题引向更加全面而深入的研究领域。

2.本书以理论思辨为主,这在阐释爱与教育的应然关系部分是必要的。但本书对于爱与教育分离的现状审视中所引证的案例材料并不全是笔者的亲身体验,而多是来自其他人的描述或引自其他人的论文,这在一定程度上会降低材料的论证力量。因此在后续研究中如能充分运用访谈法、问卷调查法等实证的研究方法,则会进一步增强本书的丰富性和表现力。

---

① 谢桂新,柳海民.教育爱的新视界[J].教育科学,2011(3):17-23.

第一章　爱的理性认识

　　爱是一个美妙的词汇。千百年来,有无数文人墨客以爱为主题写诗赋词,有无数平民百姓以爱为支柱安居乐业,也有无数仁人志士以爱的名义出生入死。

　　爱又是一个复杂而深奥的词汇。翻开历史的长卷,虽然有无数的思想家和理论家给爱下过定义,或探索爱的理论价值,或归纳爱的特征与种类,或试图揭示爱的本质内涵,但至今依然众说纷纭,各家自取角度,尚难达成共识。

　　虽然对爱的认识和解读是困难的,但对爱的理性认识是我们研究的开端和理论的根基。虽然不能给爱一个众所公认的定义,但我们也要在前人研究的基础上,一点一点揭开爱的神秘面纱,露出爱的历史真颜。

一、爱的源流

　　爱丰盈着每个人的生命,也丰富着整个人类的发展,是人类永恒的主题。在语义学、哲学、心理学、社会学、文学艺术甚至宗教中,都有许多关于爱的研究和探讨,归纳和梳理前人对于爱的研究成果,可以帮助我们走近爱,了解爱。

　　(一)语义学中的爱

　　在我国,从语源上看,"爱"字最早出现在金文中,形如"𢜭"[①]状。在《说文解字》当中,金文中的"𢜭"演变成"爱"字,是由"爪"(⺥)、"秃宝盖"(冖)、"心""夊"四部分组成。"心部"说:"惠也;""夊部"说:"爱,

———————

　　① 汤成沅编.金石大字典[Z].北京:中国书店,1995.495.

行兒(同'貌')。"其主要表达的是给予、关心的意思。

在《现代汉语词典》中,对爱的解释有五种[①]:①对人或事物有很深的感情,如爱祖国;②喜欢,如爱游泳;③爱惜、爱护,如爱公物;④常常发生某种行为,容易发生某种变化,如爱哭;⑤姓。在《辞海》中,对爱的解释则多达八种[②]:①喜爱、爱好;②特指男女间有情;③私通;④惠;⑤爱惜;⑥贪;⑦通"薆",隐蔽貌;⑧姓。

在古希腊语中,表示爱的词汇有四个:①eros:埃若斯,表示情爱;②agape:阿加佩,表示无私的博爱;③philia 费里亚,表示友爱;④storge:斯托尔盖,表示父母与子女之间的互爱。[③]

在英语中,对爱的解释更为丰富,而且生动直观,从中可以体会到汉语解释所不能传达的韵味。如在《汉英大词典》中,对"爱"作动词时的解释有:love,like,affection,be fond of,be keen on,cherish,treasure,take good care of,hold dear,be apt to,be in the habit of 等;对"爱"作名字时的解释有:love,affection。[④]

(二)哲学中的爱

在中国古代哲学思想中,主要有儒家的"等差之爱"和墨家"兼相爱"的不同和争论。以孔子为代表的儒家思想体系的核心是"仁","仁"的意思就是"爱人",也就是把人当人看,在尊重人的基础上实现对人的爱。孔子的仁爱是"等差之爱",是依照"亲亲"——"仁民"——"爱物"的层次层层外推的爱。在各个层次中,最核心的是"亲亲",也就是爱父母,因为这是人最真实、最自然的感情,是由人的本性所决定的。如果能爱父母,也就能依次序、先后和差别将爱层层推开,推广至爱其他人,达到"泛爱众",以至于"天下一家,中国一人"的境界。而墨家提倡兼爱与周爱,

① 中国社会科学院语言研究所词典编辑室编.现代汉语词典(第5版)[Z].北京:商务印书馆,2005.5.

② 辞海编辑委员会编.辞海(1999年版缩印本)[Z].上海:上海辞书出版社,2002.18.

③ 转引自鄢静.我国都市成年人关于爱的隐含理论研究[D]:[硕士学位论文].上海:华东师范大学,2004.1.

④ 吴光华主编.汉英大词典(第5版)[Z].上海:上海译文出版社,2010.6.

即不分你我,"为彼犹为已也"①。墨家认为爱人如爱已,要先爱别人的父母,这样别人才会爱自己的父母,"视人之国,若视其国,视人之家,若视其家,视人之身,若视其身"②,以达到"天下兼相爱,国与国不相攻,家与家不相乱,盗贼无有,君臣父子皆能孝慈,若此则天下治"③的理想的局面。另外,儒墨两家论证爱的出发点和角度也是不同的,儒家把"仁爱"看作是一种内心自发的精神情感,而墨家的"兼相爱"则是与"交相利"相联系的。

爱作为哲学范畴的探讨,在国外可以追溯到古希腊。苏格拉底认为爱就是指向一切善的事物,爱的动力源泉是对善的思念。人在爱某物的过程当中,确实拥有事物中的善良之性,人与爱的结合不是偶然的而是充满热烈渴望的。柏拉图在公元前4世纪所著的《会饮篇》中对爱进行了系统反思,柏拉图关于爱的观念在西方哲学史上影响深远,他认为"爱就是渴望永远拥有善"。柏拉图认为,包括人在内的一切事物,都为了达到某种善而在努力奋斗,因此,整个世界也好像一直处于爱的包围当中。柏拉图的学生亚里士多德最早探讨了人际间的友谊——"兄弟之爱",这是一种基于理性节制的高尚交往,也就是对某人或某物有温柔的情感,但这种情感期待有某种回应,是一种在爱中的互相分享的友谊。

马克思主义哲学作为科学的理论,具有辩证性。马克思曾以优美的笔调表述了爱与社会的相互作用:"我们现在假定人就是人,而人跟世界的关系是一种合乎人的本性的关系:那么,你就只能用爱来交换爱,只能用信任来交换信任,等等。如要你想得到艺术的享受,你本身就必须是一个有艺术修养的人。如果你想感化别人,你本身就必须是一个能实际鼓舞和振奋他人的人。你跟人和自然界的一切关系,都必须是与你的意志的对象相符合的。你的现实的个人生活的明确表现。如果你的爱没有引起对方的爱,也就是说,如果你的爱作为爱没有造就出爱,如果你作为爱者用自己的生命表现没有使自己成为被爱者,那么你的爱就是无力的,而

---

① 墨子.墨子·兼爱(下)[M].王学典编译.北京:中国纺织出版社,2007.100.

② 墨子.墨子·兼爱(中)[M].王学典编译.北京:中国纺织出版社,2007.95.

③ 墨子.墨子·兼爱(上)[M].王学典编译.北京:中国纺织出版社,2007.91.

这种爱就是不幸。"①

(三)心理学中的爱

在心理学领域中关于爱的讨论,最著名的人物当为德裔美国心理学家、精神分析学家、哲学家弗洛姆(Erich Fromm)。弗洛姆关于爱的研究和讨论主要集中在他的著作《爱的艺术》、《生命之爱》和《寻找自我》中。弗洛姆把爱看作一种主动的能力,因此爱像其他艺术一样是可以而且应该学习的。他认为爱是在保持自己尊严和个性的前提条件下,积极地建立与他人的关系的行为。"爱主要不是一种对某个特殊人的关系,它是一种态度,一种决定一个人对作为整个世界而不是对一个爱的'对象'的关系的性格倾向。"②弗洛姆认为爱的对象不是某一个人,他根据爱的对象的不同区分了五种爱,即兄弟之爱、母爱、性爱、自爱、神爱等。弗洛姆不仅深入地探讨了爱的理论,而且系统地阐述了爱的实践。在他看来,"爱是一种每个人都只能通过自身并为其自身而获得的个人体验;实际上,几乎没有人(包括孩子、青年或成年人)能够不通过起码的途径就获得这种体验"。③ 在实践爱的艺术时,弗洛姆提出了应具备一些必不可少的条件。包括,一要克服自恋,因为这是形成爱的能力的重要障碍;二要有客观性,也即实事求是地看待客观事物;三要有理性,因为理性是客观思维的能力;四要有信仰,也就是相信自己的爱能唤起别人的爱。另外,美国著名心理学家马斯洛(A. lt. Maslow)于1993年提出了人的需要层次理论,在他的人的需要层次理论中,将爱纳入个体的内在需要结构,认为爱是人类不可缺少的需要之一。他把爱理解为是两个人之间的一种健康、亲热的关系,其中包括了互相信赖。在这样一种健康、亲热的关系中,两个人会抛弃猜疑和恐惧,不再相互戒备。罗洛·梅在《爱与意志》指出,爱与意志都是沟通意识的形式,同时又都是一种情意,即一种影响他人和世界的方式。

在心理学界,由于不同的研究角度和研究目的,形成了一些关于爱的

---

① 马克思.1844年经济学哲学手稿[M].北京:人民出版社,2000.146.

② 埃里希·弗洛姆.爱的艺术[M].刘福堂译.合肥:安徽文艺出版社,1986.38.

③ 埃里希·弗洛姆.爱的艺术[M].刘福堂译.合肥:安徽文艺出版社,1986.89.

不同的心理学定义。如由朱智贤主编的《心理学大词典》指出,"作为社会心理学专业术语的爱(love),是超越日常体验所叙述的爱,意味着人际关系中的接近、悦纳、共存的需要及持续和深刻的同情,共鸣的亲密感情等。"①而在李伯黍等人翻译的另一本《心理学词典》(上海译文出版社出版,1996 年版)将爱定义为:"①指一种极喜欢或喜爱某个特殊事物或人的强烈情感;②指一种指向某人的持久情操,产生一种与该人相处的欲望,并关心该人的幸福和快乐;③基本上是与憎恨相反的一种情感状态;④易于升华或抑制的一种情绪;⑤生命本能的等同物和与生命本能或性本能相近的一种本能力量。"②

(四)社会学中的爱

英国社会学家吉登斯在其著作《亲密关系的变革——现代社会中的性、爱和爱欲》③中,把爱看做一种关系。他关于爱的思想主旨为,爱体现于两个特殊个体的互动过程中,或者说互动过程就是爱本身。离开了关系,爱便不再存在。

另一位美国社会学家鲁宾(Zick Rubin)在 1970 年代曾给爱下过一个定义,他所定义的爱特指爱情。他指出,爱情是一个人对另外一个人的某种特殊的想法与态度,它是各种人际关系中最深层次的情感维系,不仅包含审美、激情等心理因素,而且还包括生理激起与共同生活的愿望等复杂的因素。在对大学生进行研究的基础上,鲁宾提出了爱的三大主题,即依恋、关心、信任及自我展露。④

(五)宗教中的爱

在世界上现存的几大宗教中,爱几乎是各大宗教共同的主题。但是,不同的宗教对爱的界定和解释却不尽相同。如佛教讲究爱心,也就是慈悲为怀。要求人们心中充满爱,用慈爱来对待任何人和事,使整个世界都

---

① 朱智贤主编.心理学大词典(第 5 版)[Z].北京:北京师范大学出版社,1989.5.

② [美]阿瑟·S·雷伯.心理学词典[Z].李伯黍等译.上海:上海译文出版社,1996.465.

③ [英]安东尼·吉登斯.亲密关系的变革:现代社会中的性、爱和爱欲[M].陈永国,汪民安等译.北京:社会科学文献出版社,2001.

④ 朱伟珏.爱与亲密关系:一种社会学的解读.中国论文下载中心.

遍布爱。认为人们应该对所有的生命大慈大悲,为了普度众生,不断涅槃,深入苦海,教化后人。佛教的爱是绝对的、不讲任何条件的爱,是遍及所有的人和所有的生物,超越人类中心主义的爱,是平等无私、彻底而圆满的爱。另一大宗教基督教则主张平等博爱,是建立在人人在上帝面前都是兄弟姐妹基础上的泛爱,就是平等地去爱一切人和一切生命。这种爱是不带功利性质的,尊重他人的人格和权利,爱人如爱己,甚至可以舍己爱人。基督教提倡的爱人如己,人与人之间相亲相爱,表达了人们对现实社会的某种精神诉求。基督教中的"博爱"与我国墨家的"兼相爱"思想有许多相似之处,都追求一种公意精神,尼采甚至认为基督教就是"爱的宗教"①。伊斯兰教主张威严的爱,要求人们孝敬、怜悯、宽恕、公正、忠实、体贴、谦卑等。它有一套完整的道德理论体系,其核心是"爱人"。人对安拉的爱,人对穆圣的爱,人对他人、对家庭、对社会的爱始终贯穿于伊斯兰教的意义与行为之中。犹太教的爱定义广阔,涵盖了人际间的爱与神和人之间的爱。对于人际间的爱,摩西五经里写道要"爱人如己";对于神和人之间的爱,摩西五经里提出人类应该"要尽心、尽性、尽力、爱耶和华你的神"。对于夫妇之间的爱,其认为是生活必需的组合成分之一:"当同你所爱的妻、快活度日"。

(六)文学中的爱

在古今中外的文学艺术作品中,有无数文学家、艺术家描绘了爱的美好和神奇,把爱带入了一种诗意和浪漫的境界。

爱是美德的种子。——但丁(意大利)

爱是理解的别名。——泰戈尔(印度)

爱是生命的火焰,没有它,一切变成黑夜。——罗曼·罗兰(法国)

爱,可以创造奇迹。被摧毁的爱,一旦重新修建好,就比原来更宏伟,更美,更顽强。——莎士比亚(英国)

爱别人,也被别人爱,这就是一切,这就是宇宙的法则。为了爱,我们才存在。有爱慰藉的人,无惧于任何事物,任何人。——彭沙尔(法国)

---

① 崔德华.爱育论[D]:[博士学位论文].长春:东北师范大学,2007.42.

爱在右,同情在左,走在生命路的两旁,随时撒种,随时开花,将这一径长途,点缀得香花弥漫,使穿枝拂叶的行人,踏着荆棘,不觉得痛苦,有泪可落,也不是悲凉。——冰心(中国)

在生死两岸,爱是中间的桥梁,爱是唯一的生机,爱是唯一的意义,跟随着爱的秘密,你就会找到其中的意义,而你的世界和生命将会改变。——桑顿(美国)

文学家、艺术家笔下的爱是他们本身的世界观之形象演绎和人生观之感性注解,在审美意义上显得美好和高雅,体现出相对较高级的爱的理想追求和较高档次的思想格调,对人具有潜移默化的正面启蒙作用和间接的熏陶教化作用,对我们正确认识和理解爱也具有一定的参考价值和充实的空间。

二、爱的解析

从以上我们对爱进行的梳理和展示中可以看出,爱是一个多么神秘而美好的字眼,一句简单的问话:"什么是爱"?激发那么多学者、哲人、诗人对爱探讨和研究的兴趣,并产生出了那么多宝贵的历史文化成果。但是,我们也看到,各位先哲对爱的思考和感悟,可谓仁者见仁,智者见智,并没有形成统一的认识。那么真正的爱是什么呢?笔者认为,由于研究者的出发点和落脚点不同,各学科的研究者都是站在自己学科的视角,运用本学科的话语方式在不同层面上研究爱,均具有不同的研究侧重点,均为本学派的研究宗旨和研究目的服务,所以形成了"一千个研究者眼里的一千种爱"的局面。那么我们每位读者也可以根据自己对爱的体验,从各学科的研究成果中找到关于爱是什么的回答。所以,关于爱的解说我们不再重复前人的话语,而是在前人研究的基础上,从爱的存在、爱的发生、爱的境界等三个方面对爱进行理论与实践上的解析。这既是有关爱与教育研究的理论前提,也是关于如何让爱更好地走向教育实践的客观需要。

(一)爱的存在:主体、客体、载体

无论是汉语中的"我爱你"还是英语中的"I love you"等,都表明爱是一种关系性的存在。爱具有一定的目标指向性,它不是由一体能够独立完成的,是发生在两者之间的一种活动。所以,爱的存在必然包含着爱的主体、爱的客体和主体所借以向客体传输爱的载体。

1. 爱的主体

爱的主体也可以称为爱者,是爱的行为的发出者,是爱的起点和源头。并且,爱的主体是人,一个人或一类人,而不是物或其他。也就是说,爱是人类特有的行为。

也许有人会说动物也有爱的情感和爱的行为,比如有许多关于狗对主人如何忠诚的佳话,也有动物为了保护幼崽而成为猎人的活靶子的感人故事,还有以不同的方式表达"爱"意的雄兽和雌兽等。但是,动物的爱和人类的爱有着本质的区别。因为动物的爱是一种生物本能,这种爱或者是一种生存需要或者是一种条件反射,而不具有爱的社会"意义"。而人类的爱具有一定的社会性和精神性,是人的一种自由自觉的行为,"人类的爱可以超越自我,可以越过血缘、越过功利,去爱与自己无关的人和事物,甚至可能越过恩怨去爱自己的竞争对手或敌人"。[①] 可见,动物的爱与人类的爱比起来,还处于一种比较低级的阶段,还没有达到真善美的境界和水平。

另外,一种爱可能只是一个人发出的,也可能是群体行为。在现实中,一类人为了一个共同的爱的目标和追求而冲锋陷阵、殚精竭虑的案例比比皆是,我们所要讨论的教育爱可以归入其中,还有无数的爱国者也是爱的主体。

2. 爱的客体

爱的客体又可以称为被爱者,是爱的行为的接受者,是爱的主体的目标指向。相对于爱的主体,爱的客体是相当宽泛的。爱的客体可以是人,可以是物,也可以是自然、社会或者物质、精神,甚至是爱的主体自身——也就是我们日常生活中常常提起的"自爱"。当然,主体可以是群体,客体也可以是复数,如爱一群人,爱世界上的许多美好事物等。

---

① 崔德华. 爱育论[D]: [博士学位论文]. 长春: 东北师范大学, 2007.8.

根据爱的客体的不同,有人把爱分为四种类型:一是人对人的爱,这是最基本、最普遍的类型;二是人对地域的爱,主要体现在爱家乡和爱祖国方面;三是人对自然的爱;四是人对真理的爱。① 这种划分方法比较全面地囊括了爱的不同类别。

3. 爱的载体

载体,现代汉语词典解释为②:①科学技术上指某些能传递能量或运载其他物质的物质。如工业上用来传递热能的介质,为增加催化剂有效表面,使催化剂附着的浮石、硅胶等都是载体。②泛指能够承载其他事物的事物:语言文字是信息的载体。那么,爱的载体也就应该是能够承载爱的事物。根据爱的客体的不同,爱的载体可以相同,也可以有所不同;即使是同一客体,爱的载体也可能有许多种。具体说来,爱的载体可以是温柔或激情的语言,体贴或勇敢的行为;也可以是其他有形或无形的事物,如钱、权、物、技、艺、智、识、制度、规定等。

(二)爱的发生:知、情、意、行

从对爱的源流的梳理及日常生活中对爱的使用可以看出,爱既可作为名词使用,也可作为动词使用。这是因为爱既表现为人的一种精神样态,也表现为人的现实行为,爱的发生是人知、情、意、行的有机结合和统一。

我们说爱的主体是人,人类的爱具有一定的社会性,即人类的爱在发乎于"情"之前,有一个对爱的对象了解和认"知"过程。"世上绝没有无缘无故的爱"③,或者是认识到爱的对象的可怜,或者是认识到爱的对象的可爱,或者是认识到爱的对象的可贵。总之,爱的发生是从认识、了解、知道开始的。这个"知"可能是无意识的,也可能是有意识的,区别之处在于爱的坚定与否,一般说来是"知"之越深则爱之越切。

"情"是爱的快乐老家,人们都习惯于将爱归于"情"的心理学范畴,

① 彭时代.教育爱:现代大学的核心理念[J].湖南师范大学教育科学学报,2006(5):72－75.

② 中国社会科学院语言研究所词典编辑室编.现代汉语词典(第5版)[Z].北京:商务印书馆,2005.1696.

③ 毛泽东.毛泽东选集(第3卷)[M].北京:人民出版社,1991.871.

这是没有异议的。爱的情感层面,是爱的最普遍的表现形式,是爱的生理机制的表现。也就是爱的主体发现了客体的可怜、可爱、可贵之后所产生的情绪感受,是一种深刻而强烈的情绪体验。这种爱的情绪体验有一种只可意会不可言传之妙,这也许就是爱的定义难以统一,难于确定的原因所在吧。

爱可以归于情但不单单属于情,爱的发生实质上是一种"意"志行为。这表现为爱不以占有和控制为目的,不是让爱的对象成为我或成为我的一部分,而是为所爱对象更好地成为他自己不计回报地积极付出。如果缺少"意"的参与,情就没有着落,行就没有导向,爱就变成了一种虚"情"假"意",这就与弗洛姆的"爱主要是'给予'"及其"在'给予'行为中产生了某些事物"①的观点相背道而驰。

"爱不仅仅是情感,更是能力。爱不仅是对所爱之人的心动魂牵,也不仅是对爱之对象的慈悲心怀。在本能和真诚之外,爱更是理性和智慧行为。"②所以,爱不仅是知动、情动和意动,更要有"行"动。爱只有转化为爱者的现实行为,才是爱的最终归属,才能凸显爱的存在价值。当然行动只是"去爱",还有一个"会爱"的问题,所以说,爱是一种能力,是在熟知、真情、实意基础上的"理性和智慧的行为"。

总之,爱的发生内蕴于情,外显于行;情以知为基础,行以意为导向。真正的爱是知、情、意、行共同作用下的完整过程。

(三) 爱的境界:真、善、美

不同主体的爱,同一主体不同时期的爱,是有境界差异的。我们这里的境界,取"事物所达到的程度或表现的情况"③之意,爱的境界即爱所达到的程度或表现的情况。本书认为,爱的境界可分为三个层次:真爱、善爱和美爱。

爱的主体是人,爱的境界是由人性的不同而决定的。王坤庆教授认

---

① 埃里希·弗洛姆.爱的艺术[M].刘福堂译.合肥:安徽文艺出版社,1986.18-20.

② 李伟言.教育应如何理解爱[J].福建论坛,2009(9):25-27.

③ 中国社会科学院语言研究所词典编辑室编.现代汉语词典(第5版)[Z].北京:商务印书馆,2005.728.

为:"人性的构成有三个维度——自然性、社会性、精神性。"①人的自然性为真爱提供了物质基础,人的社会性是善爱产生的前提条件,人的精神性则决定了爱可由真爱、善爱升至美爱的境界。

1. 真爱:自然境界的爱

真爱,也可称为自然境界的爱,即本真之爱,是源于人的自然本能的真情实感,是感性之爱。真爱由于具有自然的特性,所以没有任何加工和矫饰,是激情地投入,无所控制地付出。同时,真爱由于源于人的本能,所以不讲策略,不计后果,常常驱使人做出与爱相背道而驰的事情,它的别名甚至可以称为随意或任性。

在现实生活中,这种"真爱"随处可见。如热恋中的情侣,由一见钟情到相醉于一颦一笑,爱是爱了,但也可能"情人眼里出西施",激情过后留下许多爱的遗憾。又如:"父母对子女,喜其乖巧,喜其活泼,怜其稚弱,怜其顽强的生命力。"②但在这个过程中,可能产生娇纵溺爱,种下了不健康的种子。还有如结义于桃园的刘备、关羽、张飞,可谓友爱中的千古佳话,可刘备为给关羽报仇贸然进军吴国,虽然异姓兄弟之爱爱得情真意切,但却一去未归,逝于白帝城,同时逝去的是他一统天下的宏伟蓝图和关羽对他能成就帝业的殷殷遗愿。再如,教育者对受教育者的爱应该是善和美的。实际上,许多教育者只爱那些符合自己期望的学生,爱学生身上的优点,而不爱学生这个人,或倾向于将学生塑造成自己所期望的人,从而产生了偏爱和爱的强迫,发生了许多披着真爱外衣的悲剧。

所以,真爱是感性之爱,带有很大的随意性和不稳定性,缺乏高度的责任感、无私性、广泛性和教育性。真爱虽然也可能带来一时的欣喜和欢愉,但也能会留下遗憾和惆怅。甚至在许多情况下,真爱的偏颇会导致错爱、假爱、偏爱。

2. 善爱:道德境界的爱

善爱是对真爱的扬弃,扬弃的武器是理性和意志力,依据是人的社会性。因此说,善爱是理智和意志力的产物,它崇高、无私、公正、尽责、普

---

① 王坤庆. 精神与教育[M]. 武汉:华中师范大学出版社,2008.82.

② 刘庆昌. 关于正爱童心[J]. 山西大学师范学院学报(哲学社会科学版),1998(1):55-57.

济,促进人际交往和社会秩序的和谐。又由于"道德主要体现了人的社会性之维,承诺的是和谐的社会秩序"①,所以,善爱又可称为道德境界的爱。圣奥古斯丁认为:"对人的爱是最高的德性、至上的理想以及一切道德的基础。"②他所说的爱应该是我们这里的善爱,也与我们所说的道德境界的爱相暗合。

善爱是以爱者坚定的道德信念和道德良心为基础的,是爱者高度自觉的爱的意识、爱的情感、爱的行为的统一。善爱不是与生俱来的,它需要爱者内心的磨炼;爱的过程也往往并不轻松,甚至是艰苦卓绝的过程。也就是善爱要求爱者向被爱者付出更多,给予更多,要求爱者为了爱长期做善事而不轻言放弃。

善爱不是爱者偶尔闪烁的情感火花,而是爱者的一种持续而强烈的责任感。这种责任感不仅表现为热情奔放,更加表现为深深的忧思和长久的牵挂。善爱不是爱者与被爱者在人生道路上激情澎湃的邂逅,或是高贵者对卑贱者悲天悯人般的施舍,而是爱者对被爱者的前途、命运、未来发展的高度负责和关心。善爱虽不能与人的出自自然本能的真爱脱离关系,但它更多的是来自人的社会性,因此包含深厚的历史感与责任感,因而更加注重理性和规范。

善爱在人类社会发展过程中是非常重要的,它使爱者依据道德的准则去爱,同时爱所关注的是人类社会和谐有序的发展。在善爱中,理性调节爱者的情感能量,避免对被爱者爱之或过或不及、或过速或过缓等情形;同时,意志指引着爱者的行动方向,使善爱始终朝着向真向善的方向行进。

3. 美爱;精神境界的爱

从一定意义上讲,善爱,也即道德境界的爱,应该是爱的较高境界了,但这还不是爱的理想之境。因为人是精神性的存在,"尽管对精神有着不同解释,但精神的范围来自深层的人性。在人们表达期望、道德感、创造性、爱和友谊过程中,可以发现精神。人们对自然和人本身的美的认

---

① 李伟言.教育应如何理解爱[J].福建论坛,2009(9):25-27.

② [美]欧文·辛格.超越的爱[M].沈彬等译.北京:中国社会科学出版社,1992.357.

识、在科学和艺术上的努力、对自然界的欣赏与好奇、智力成就和身体活动、对痛苦和迫害的超越、自爱、对生活的意义与价值的寻求,都是精神的表现"①。人的精神性催生了精神境界的爱。由于"无论什么时候,我们只要产生了美的体验,你就在与精神交往"②,精神与美无论在理论上还是实践上都无法彻底分割,更像一对孪生姐妹,所以我们把精神境界的爱又称作美爱。

值得注意的是,这最高境界的美爱是对真爱和善爱的超越和升华,而绝不是简单的抛弃,可以说是在更高层次上对前两个境界爱的本质性的肯定和吸收。也就是说,它包容了真爱和善爱的本质内容,而扬弃了其偏颇性。真爱的偏颇以及善爱对真爱的扬弃前文已有论述,这里我们重点谈一谈美爱对善爱的扬弃和超越。

首先,善爱从表面上看是善的,但这种爱可能是主动的选择,也可能是爱的主体对社会舆论和道德规范的被动遵守。而美爱则不同,美爱是主体在精神上的一种强烈需求,是在自由氛围中绝对主动性的选择。其次,善爱和美爱都不排斥付出和给予。但善爱"需要爱者内心的磨炼",爱的过程"甚至是艰苦卓绝的过程",也就是说善爱的给予往往蕴含着放弃和牺牲,甚至是痛苦的。而美爱的给予不是放弃和牺牲,它是主体的意义追寻和价值探求,是主体的道德信念和精神信仰的高度契合,是"有理性但不受理性制约,有感情但又不是某种情欲,有意志但却去掉了意志的强制的痕迹"③,达到了孔子所描绘的"从心所欲不逾矩"以及庄子所形容的"游刃有余"之境。再次,由于善爱更多的来自人的社会性,因此更多地体现为工具价值和功利性追求,而缺乏内在的精神价值和创造价值。美爱则源于人的精神性,因此指向被爱者的全面发展以及潜能的实现,爱的过程也即是精神追求的过程,是将被爱者由旧质向新质不断创生的过程。在美爱中,不仅有理性,更有智慧。理性的爱与智慧相结合,更彰显了美,"人在这种美面前,物我两忘,离形去智,一切世俗的、尘累的束缚

---

① 转引自王坤庆.教育基本理论研究[M].合肥:安徽教育出版社,2008.163.

② 转引自王坤庆.精神与教育[M].武汉:华中师范大学出版社,2009.123.

③ 刘志山.真善美的哲学与教育[M].北京:中国社会科学出版社,2004.88.

被一扫而净,人类的灵魂得到最高的升华和解放"①。爱的最高境界由此而生!

正如前文所述,三种境界的爱之间并不是简单的抛弃和否定,而是不断地超越和提升。真爱多一点理性,善爱多一点智慧,美爱多一份执着,爱的过程就变成了求真、向善、趋美的过程。爱的主体在追求爱的境界不断提升的过程中,实现了人生境界的提升。爱的客体在主体崇高精神境界的美爱沐浴下,也就能够"充满劳绩,然而诗意地栖居在这片大地上"②。

① [日]笠原仲二.中国古代人的美意识[M].杨若薇译.北京:三联书店,1988.67.
② 荷尔德林诗:《人,诗意地栖居》。

第二章 爱与教育的关系

　　爱,作为人类特有的精神样态和现实行为,与培养人的教育活动有着千丝万缕的联系。从教育的发生、教育的发展、教育的终极目的中,都可以找寻到人类爱的踪影;同时,教育是促进爱的普及与升华的有效途径。所以,爱与教育水乳交融。沟通两者的关系是本书展开的前提和基础。

一、爱是教育的动力因素

　　教育的发生,既涉及最原初的教育活动的产生,也涉及现实生活中具体教育行为的发生。只是,无论在任何时候、任何情况下,不管人们是否意识到,教育行为总是与爱密切相关,爱是教育发生的动力因素。

　　教育的发生与教育的起源虽然并不完全属于同一范畴,但是关于教育起源的考证,却可以为教育的发生提供思考空间,特别是"教育道德性起源论"观点的提出,对于我们认识爱在教育中的意义和作用具有重要的启示。

(一)"教育道德性起源论"的反思与启示

　　将教育的起源归因于人的道德,是 21 世纪初青年学者孙彩平博士的选择。她在《教育的伦理精神》①一书中,重视"'爱'这一道德情感在教育起源时的地位",从"教育起源的伦理视角"来扩展教育的需要起源理论,提出"教育起源于人的道德性",从而挖掘教育的道德内涵。

　　"教育的道德起源论突出人的道德动机",以人的"归属与爱的需要为问题的视界",以"教育内部两大主体的出现作为研究的视点",以"最

---

① 孙彩平.教育的伦理精神[M].太原:山西教育出版社,2004.29 – 48.

原初的条件、类似于最原始的冲动——人对后代的近似生物性的责任与爱,来解释教育的起源问题",从理论与实践上看,教育的道德起源论具有一定的合情合理性。但是,其不完善之处仍然存在。

首先,道德起源论者"把人的道德性看做人对自然、社会(群体)、他人及自我的一种责任感,也就是爱"①,这里把"责任"和"爱"共同归属于"道德",是需要商榷的。弗洛姆认为"责任是一种自愿的行为,是对另一个人表达或没有表达的需求的积极反应"②,同时认为责任是爱的基本要素。而在第一章中,笔者已对爱的境界有所剖析,认为爱的境界有真爱、善爱、美爱之差别。也就是说,爱和责任可以表现为道德,但是又超越于道德,它们与道德有着不同的境界追求,而非隶属关系。即使是"最原始的人对后代的责任与爱",也不能等同于道德。因为"道德主要体现了人的社会性之维,承诺的是和谐的社会秩序"③,而"最原始的人对后代的责任与爱"则指的是原始家庭之中的责任与爱,是"出于父母天性的关爱",是"养子使作善"的真爱,而不是承诺和谐社会秩序的道德。当然,为"归还教育的神圣与尊严",而将教育的起源归于人的道德性的初衷是美好的。但是,将"最原初的条件、类似于最原始的冲动"的责任与爱和需要"克服障碍""乃是人的意志"的德性相提并论,这是值得商榷的。

其次,为挖掘教育的道德内涵而赋予道德以教育起源的重任,并不是一个十分完善的命题。"起源"一词,在《现代汉语词典》中包含两种含义④:一是事物"开始发生",即事物发生的源头;二是"事物发生的根源",即事物产生的原因。那么教育的起源,则是教育产生的源头或促使教育产生的原因。教育的道德起源论,即是认为道德(责任与爱)是教育产生的源头或根本原因。教育是伴随着生产生活而产生的一种实践活动,在

---

① 孙彩平.教育的伦理精神[M].太原:山西教育出版社,2004.37.
② 埃里希·弗洛姆.爱的艺术·译者序[M].刘福堂译.合肥:安徽文艺出版社,1986.9 – 10.
③ [美]欧文·辛格.超越的爱[M].沈彬等译.北京:中国社会科学出版社,1992.357.
④ 中国社会科学院语言研究所词典编辑室编.现代汉语词典(第5版)[Z].北京:商务印书馆,2005.1077.

教育产生的远古时代，环境极其恶劣，人们的生存尚很困难，因此道德（责任、爱）并不会成为人们的唯一需要，也不会是教育产生的源头或根本原因。当然，道德、责任、爱在教育产生的过程中具有重要的作用，但是这种作用只能称之为教育的动力因素，而不应视为教育的起源。

（二）爱对教育发生的意义与作用

道德起源论虽然存在一定的缺憾，但它具有重要的学术价值。道德起源论不仅为教育起源问题的思考"开启了一个全新的角度，即从伦理学的视角对教育起源问题进行透视和解读"[①]，而且为我们认识爱对教育发生的意义与作用开启了一道智慧之门。循着道德起源论的研究路径，我们不难发现爱是教育发生的动力因素。

首先，从发生学的视角来看，在远古时代，教育的雏形即是年长者向年幼者传授获取食物、制服野兽等生存技能和生活经验的过程。在这一过程中，教者是在完全自愿的、利他的、不求回报的情况下，将生存技能和生活经验口传身授给受教育者。依据马克思关于人的生长和发展阶段的理论，人的最初存在状态是自然发生的"人的依赖关系"状态，也就是在这一阶段的人，是要以某种方式集结成共同体，借助彼此之间的合作来提高对付自然力量的生命活动能力。那么，在个人尚需要与他人合作才能生存的状况下，却要把自己所掌握的"知识"和"能力"无条件地传授给下一代，这并非本能所能完全解释的现象。在本能之外，其中必有一种内在的巨大的力量驱使，那就是"爱"。关于教育产生过程中爱的作用，也可从其他学者的研究中找到明证，如有人认为当孩子出生时，"父母由此经历抱着孩子、保护着孩子、为孩子而不断自我牺牲和即使一切顺利也不断为孩子担忧的种种喜怒哀乐"。[②] 这时，我们的行为已具有了教育的意义。还有人认为："教育中的先天意识就是希望孩子好的意识，这是渗透于教育行为中的前理性、前反思、前科学的意识。"[③]因此，无论是宏观还

---

① 王燕.伦理学视阈中的教育起源论析[J].山西师大学报(社会科学版),2009(7):110－113.

② 马克斯·范南梅.生活体验研究[M].宋广文等译.北京:教育科学出版社,2003.191.

③ 朱光明.透视教育现象学:透视教育现象中的三个问题[J].外国教育研究,2007(11):1－7.

是微观地看,由"为孩子担忧""为孩子好"而产生了教育,爱是教育行为发生的动力。

从教育活动的实施看,原初的教育形式不像现在这样丰富多样,而只是通过教育者的"传、帮、带"来实现。教者将人更好地生存所必须掌握的生产和生活技能"传"给学者,其中必然包含着使学者生存下去、使学者生活得更好的深深爱意,这应该可以寻根于教者的"真爱"。即使是在教育初始之时,"帮"也是教育实施的必然形式。一般来说,帮的行为发生后可能有这样的两种结果:帮者和被帮者双方受益或者被帮者一方受益。而教者对学者的帮是使学者更快成长、更好生存,是被帮者受益,帮者只是"助人为乐",这种教者的助人为乐行为应该寻根于教者的"美爱"。在更多的情况下,原始的教育实施是在生产和生活中由教者"带"着学者完成的,也就是教育与生产生活融为一体,在生产生活中实现教育。如果没有对后世的责任与爱,教者无须在自身生存还处于困境的情况下来"带"他人,这种行为的发生可以寻根于教者对学者的"善爱"。因此,在教育的具体实施形式,也即"传、帮、带"的过程中,都可以发现爱的动力作用。

对教育发生的动力因素的探寻,除了还原教育的历史图景,还可以从教育思想史上对"教育"一词的解释和描绘中寻找到一些蛛丝马迹。因为最初的教育解释,基本上是对教育实际状况的如实反映。在我国的古籍中,"教"字最早现于甲骨文中,形如"教"①状,左边表示受教育者,右边表示手持木棒监督强迫小孩学习的教育者。"育"字形如"育"或"育"②状,好像妇女养育孩子的形状。甲骨文中对"教"和"育"的形象描绘,也向我们传达了教育中蕴含着长者对幼者、先知者对未知者的成长关心、负责,爱对教育的发生具有重要作用之意。

在汉语中,《说文解字》将"教"和"育"解释为"教,上所施,下所效

---

① 郭沫若.郭沫若全集(考古编 第三卷)[M].北京:科学出版社.2002.271(殷契粹编第一三一九片).

② 郭沫若.郭沫若全集(考古编 第三卷)[M].北京:科学出版社.2002.69(殷契粹编第二九四片).

也","育,养子使做善也"。在语义学上,这是对"教"和"育"的解释。在哲学认识论中,这实际上是人们早期关于教育的认识,从中我们既能看到"教"的传、帮、带的原理,又能看到"育"的指向未来一代的真挚情感。这进一步印证了爱是教育产生的动力因素。在西方,教育"Education"一词源自拉丁文"Educare",其中"e"的意思为"出","ducare"的意思为"引","Educare"的本意为引出、诱导,即引导儿童的固有能力得到完美的发展。教育学"Pedagogy"一词是从希腊语"Pedagogue",即教仆一词派生出来的,教育学的语源就是指如何照管儿童的学问。可见,教育从来就被理解为对儿童进行培养和管教。缺少了成人对儿童的关心和爱,我们无法解释成人为什么会对儿童的发展这样负责。

以上我们从宏观的教育产生阐释了爱的内在动力作用。其实,无论从宏观的教育产生还是从微观的教育发生来看,爱都对教育行为的发生具有重要作用,只是爱的含义在具体情况下有所不同而已。如人们常说的"传男不传女,传媳不传婿",这是在封建文化中的扭曲的教育规则,但这也是典型的因爱某人而发生的教育。再如,我们常见某人无儿无女而又身怀绝技,为不使自己的知识和技艺在百年之后失传,便创造性地收留义子,然后心安理得地传授独门绝技,这是因爱某艺而发生的教育。还有因爱教育自身而至忘我之境者,如陶行知先生为教育事业而鞠躬尽瘁,死而后已;裴斯泰洛齐一生当孤儿的保姆和慈父,忧儿童之忧,乐儿童之乐,数十年如一日,终生不疲,无怨无悔。因此,我们说爱是教育产生的根本动力,本真的教育就是有爱的教育;一旦没有了爱,教育也就发生了异化,失去了其本质和意义。

二、爱是教育超越的支点

教育超越是教育的理想追求,是教育超出既有社会现实的规定和束缚,不断地追求发展和完善的过程。之所以论及超越(transcend)而不谈发展(develop),是因为超越(transcend)更强调"超出,胜出,优于"的含义,也就是教育超越内含教育发展,是教育发展的更高层次追求。教育超越在不同阶段、不同时空需要不同的条件,但是这些条件必须要有一个共同的支点才能产生并发挥作用,这个支点就是爱。支点①,指杠杆起支撑作用,绕着转动的固定点。爱是教育超越的支点,也就是爱能够超越阶段和时空,始终作为固定不动的一点对教育的超越起着支撑作用。

笼统地谈教育超越没有太大的意义,我们需要对教育超越有一个结构性的认识,也就是要寻找教育超越的基本维度。谢维和教授认为,教育的发展通常具有两个维度,其一是教育活动的数量与规模发展的维度,其二是教育活动的质量和效益发展的维度。② 由之,我们试从教育量的超越、教育质的超越、教育史的超越等几个维度探寻教育超越的支点——爱。

(一)教育"量"的超越

教育"量"的超越可从教育规模的扩大和教育发展速度的提升两个方面来考虑。

在学校教育产生以后,教育规模的大小标志着受教育者人口的多少和教育的普及程度。刘庆昌教授认为:"统治阶级的需要和生产力发展的需要是教育规模大小的决定性因素。"③也就是说,教育规模要在现有生产力发展水平上实现超越,需要统治阶级对教育的高度重视和理性思考。如果没有对所有受教育者不分性别、年龄、阶级、种族的爱和关心,教育就会沦为只有少数特权阶级才能享用得起的奢侈品,教育的普及更无从谈起。教育规模的重要标志是受教育者的人口数量,扩大教育规模的直接受益人是广大的适龄受教育者,显著标志是义务教育普及程度的提高和高等教育大众化普及化。但是,要扩大教育规模,进而实现教育量的超越,其背后隐藏着深刻而复杂的动因和条件,既要有对教育精神上的关注,又要有对教育人力、物力上的投入,还需要"从政策到策略,再从策略

① 中国社会科学院语言研究所词典编辑室编.现代汉语词典(第5版)[Z].北京:商务印书馆,2005.1744.

② 谢维和.教育活动的社会学分析——一种教育社会学的研究[M].北京:教育科学出版社,2000.277.

③ 刘庆昌.论教育的起源、发展与消亡[J].山西大学师范学院学报,1999(1):26-31.

到计划的逻辑过程"①,这其中从思想的萌芽到行动的落实,再到超越的产生,对受教育者的爱与责任始终是重要因素与核心力量。当然,统治阶级扩大教育规模也可能是基于政治或经济发展的需要,但教育始终是面向人的,从扩大规模到量的超越需要在人与人之间完成,因此萌芽于人本身的爱是其他各种功利性或工具性需求的支点,没有爱,其他教育发展的人力、物力条件就没有情感支撑和精神动力,教育发展的杠杆将发生倾斜,教育超越不可能发生。

教育发展的速度由于是教育统计特征上的变化,所以也可看作教育发展的量变。教育发展的速度一般是与社会经济发展的状况相比较而言的,根据教育发展与社会经济发展的先后,世界各国的教育发展主要有三种模式:一是后行模式,即经济发展起来之后再去发展教育;二是并行模式,即教育发展与经济发展同步;三是先行模式,即教育发展先于其他行业或经济发展的现有状态而超前、提前发展。② 在古代社会,教育发展的速度较慢,发展的模式是后行模式,孔子周游列国时的一段对话,表明了教育后行是适应当时生产力发展水平做出的必要选择——当孔子走到卫国时,叹曰:"庶矣哉!"冉由曰:"既庶矣,又何加焉?"曰:"富之。"曰:"既富矣,又何加焉?"曰:"教之。"③但是,近现代社会以来,随着社会生产力发展水平的提高,教育发展速度的快慢也即教育发展模式的选择则是社会对教育重视程度的体现。1972 年联合国教科文组织国际教育发展委员会编写的《学会生存》一书指出,"现在,教育在全世界的发展正倾向于先于经济的发展,这在人类历史上大概还是第一次"④,"现在,教育在历史上第一次为一个尚未存在的社会培养着新人"⑤,这即是"教育先行"和

---

① 联合国教科文组织国际教育发展委员会.学会生存——教育世界的今天和明天[M].北京:教育科学出版社,1991.212.

② 柳海民.教育原理[M].长春:东北师范大学出版社,2006. 471－472.

③ 张玲,康凤琴编.论语·子路[M].乌鲁木齐:新疆人民出版社, 2006.97.

④ 联合国教科文组织国际教育发展委员会.学会生存——教育世界的今天和明天[M].北京:教育科学出版社,1996.35.

⑤ 联合国教科文组织国际教育发展委员会.学会生存——教育世界的今天和明天[M].北京:教育科学出版社,1996.36.

"教育预见",是教育超越的世界之声。教育发展超越于或先于社会经济发展,"替一个未知的社会培养未知的儿童",这要求教育决策者的远见卓识,也需要教育工作者的刻苦思考,但都离不开对教育发展的强烈关注和高度重视。我国是邓小平同志首次提出了教育先行的思想:"我们要千方百计,在别的方面忍耐一些,甚至于牺牲一点速度,把教育问题解决好。"①教育优先发展,这是对教育事业的爱,也是对"未知社会未知儿童"的爱,是包括深刻哲思和远大抱负的爱。

(二)教育"质"的超越

有学者指出,教育发展的质量维度包括三个方面的含义:其一,反映教学活动的各种质量方面的变化的指标;其二,反映教育发展的适应性方面的各种指标;其三,反映教育活动的效益的各种指标以及反映教育投入与教育活动的产出之间关系的各种指标。② 由于教育质量的发展变化是教育非统计特征上的变化,所以具有较大的不确定性,还常常带有一定的主观意向。这里我们从教育活动的构成要素来研究教育质的超越,因为要素是构成活动必不可少的、最基本的因素,如果教育活动的各构成要素是真善美的统一,那么教育质的超越则有实现的可能。

教育主体的超越。教育活动的主体分别是教师和学生,教师是教育过程中"教"的主体,学生是教育过程中"学"的主体,教师和学生的超越,都与爱具有密不可分的关系。教师的职责是教书育人,无论是教书还是育人,他的直接对象都是活生生的人,那么教书育人的过程就不仅仅是技巧的施展,而应该是心灵的艺术,教师应该对学生充满爱、充满理解、尊重和感染,体现出民主和平等的意识。教育中对教师的价值判定有两种,一种是经师,一种是人师。正所谓经师易得,人师难求,因此人师是对经师的超越。但凡人师,必定是爱心充盈,名满天下。从孔子的"爱之,能勿劳乎?忠焉,能勿诲乎?"③,到罗素"在教师缺少爱心的地方,无论是品性

---

① 邓小平.邓小平文选[M].北京:人民出版社,1993.275.

② 谢维和.教育活动的社会学分析——一种教育社会学的研究[M].北京:教育科学出版社,2000.278.

③ 杨伯峻.论语译注[M].北京:中华书局,2006.116.

还是智力都不会得到良好的或自由的发展"①,再到苏霍姆林斯基的"把整个心灵献给孩子"②……古今中外的教育名家虽然教育思想、教育风格各有千秋,但都是爱的先驱和使者。但是,在教育过程中,教师的引导教育是学生成长发展的外因,学生自身需要、认识、情感等方面的变化才是内因,外因只能通过内因而起作用,所以教育质的超越归根结底是学生对自身的超越。孔子曾曰:知之者不如好之者,好之者不如乐之者③。学生从知知者到好知者,再到乐知者,就是一个超越的过程。而在这个过程中,无论是好知还是乐知,都必定包含着学生的爱,或者是爱老师,或者是爱知识,或者是爱学习这件事本身。因为爱老师,"向师性"才产生了神秘的力量,收到神奇的教育效果;因为爱知识,才能从书中寻找到"颜如玉""黄金屋",从而自得其乐,乐在其中;因为爱学习,才可能忍受"头悬梁、锥刺股"之痛而乐此不疲,乐而忘返。所以,爱是学生超越的支点,没有爱的学生,即使外表看似成功,内心也必索然无味,精神上无所依托,与教育的超越相去甚远。

教育内容的超越。教育内容是联系教师和学生的中介,教师通过向学生传授教育内容,使学生从不知到知,从知之较少到知之较多,从继承到发展,从"未完成的人"到"走向社会历史的人",最终达到教育的目的。在这一过程中,教育内容既是教师和学生知识传递的中介,也是师生情感和价值观传递的中介,还是承载师生之爱的重要媒介。同时,教育内容本身的超越也时时以教育者的爱为依托,闪烁着教育者爱的光芒。在教育的产生之初,教育者向受教育者传授的内容即是生产生活所必需的技能和技巧,如燧人氏教人钻燧取火,神农氏教人稼耕,其目的就是要使受教育者生活得更好。随着生产力的发展,生产生活的丰富,教育内容的组成也日益丰富多彩,满足了学生多方面物质和精神生活的需要。正如柳海民教授在其著作《教育原理》中所指出,教育内容从其涉及的范围来说,

---

① [英]伯特兰·罗素.教育与美好生活[M].杨汉麟译.石家庄:河北人民出版社,2001.35.

② [苏联]瓦·阿·苏霍姆林斯基.把整个心灵献给孩子[M].唐其慈,毕淑之译.天津:天津人民出版社,1981.

③ 杨伯峻.论语译注[M].北京:中华书局,2006.68.

包括人类社会各种领域活动的知识、经验和技能技巧；从其价值来说，它具有发展人的智慧、品德、体力、审美能力和劳动能力等方面的作用；就其表现形态来说，有物质的、符号的、精神的、行为的。① 如何在如此丰富的教育内容中进行选择，成为教育内容超越的另一目标和方向，"如何使教育内容更加适合学生特点和社会要求，成为教育负责人、课程设计者和教师们经常关心的问题"②。如根据人的思维发展特点、接受知识的先后次序和科学知识本身的逻辑顺序编排学校教育内容，能够使学生遵循着由浅入深、由表及里、由具体到抽象、由现象到本质的逻辑轨道，高效率地获得人类积累的知识经验；又如"把普通教育的内容分成两部分，一部分是共同的，所有人都必须掌握的最低限度内容；另一部分是各种选修课……这种办法保持了教育体制的基本统一，既保持了机会平等又能更好地满足个人的需求和发展的需要"③。可见，教育内容的丰富、发展、变革和选择，都以学生的发展和需要为出发点和最终归宿，这种为学生着想和为学生服务的精神实质即是爱，这种爱促进了教育内容超越的同时促进了教育质的超越。

教育手段的超越。"教育手段是指教育者将教育内容作用于受教育者所借助的各种形式与条件的总和，它包括物质手段、精神手段等。"④在教育的理论与实践中，有人直接将爱即作为教育的一种手段。本文赞同著名教育家、特级教师李镇西的观点："就是不希望人们把爱心当成一种模式，一种手段，一种技巧……它是一种思想，一种情感，一种氛围……它自然而然地贯穿于教育的每一个环节，也不声不响地体现在教育的每一个细节，更潜移默化地浸润着每一个学生的心灵。"⑤这种爱在教育手段

---

① 柳海民. 教育原理[M]. 长春:东北师范大学出版社,2006.104.

② [伊朗]拉塞克,[罗马尼亚]维迪努. 从现在到2000年教育内容发展的全球展望[M]马胜利等译. 北京:教育科学出版社,1999.166.

③ [伊朗]拉塞克,[罗马尼亚]维迪努. 从现在到2000年教育内容发展的全球展望[M]马胜利等译. 北京:教育科学出版社,1999.166.

④ 柳海民. 教育原理[M]. 长春:东北师范大学出版社,2006.107.

⑤ 李镇西. 民主与教育——一个中学教师对民主教育的思考[M]. 广西:漓江出版社,2007.205.

的超越中同样作用斐然。物质手段的超越是与教育优先发展密切联系的。优先发展教育，即为教育提供其所需要的一切物质条件，包括宽敞的教育活动场所与先进的教育活动设施，以及现代化的教育媒体等。这些物质形式与条件虽没有思想和情感，表面上看不到爱的影子，但其中必定渗透着教育工作者对教育的重视，对学生更好学习条件的关注，愿意为其投入人力、物力、财力以改善教育物质条件，实现教育物质手段的超越。教育的精神手段包括教育的方法、途径等。古往今来，教育方法随着历史的变迁已有千千万万，所以了解每一种方法的长处和短处，正确选择和使用教育方法是教育手段超越的必须。具有超越性的教育方法是以爱学生为出发点，以学生的幸福为最终目的的教育方法。"一堂课就像一首歌，它要由多种教学方法综合演绎而成，它需要使用各种不同的方法，以适应学生不同器官的需要，使学生既有感官上的愉悦，也有思考中的乐趣，还有通过人际关系所带来的享受。各种方法扬长避短，互相补充，错落有致，和谐统一，这样，学生在有张有弛中把全身心都调动了起来，从而体验到全面的幸福。"①反之，如果没有爱的情感和氛围，在教育中选取"支配、处置、压制、形塑"等规训的方法，那么就会有"人们听从某种灌输的'真理'，但独断的'真理'却压抑着智慧的启蒙；人们都在唱着道德的高调，但是'道德'或者成为禁锢人们的精神的工具，或者成为掩饰社会各种恶的伪善的外衣"②。所以，没有爱作为支点的教育方法是没有超越的方法，教育质的超越更是不可实现的乌托邦。

当然，由于教育是一种复杂的社会现象，人们在分析教育活动的结构时持有的视角不同，对教育构成要素的概括也会有所不同。以上本书对教育主体、教育内容、教育手段的分析很可能也会挂一漏万，但是通过以上的分析，也足以反映出教育质的超越与人类的爱息息相关。

(三)教育"史"的超越

教育"史"的超越即教育"今天"对教育"昨天"、教育"明天"对教育

---

① 刘次林.幸福教育论[M].北京:人民教育出版社,2003.93 - 94.

② 金生鈜.规训与教化[M].北京:教育科学出版社,2004.3.

"今天"的超越。纵观整个教育发展的历史,即是一部超越的历史,在这个超越的过程中,教育的境界不断提升,爱的境界也不断发展,教育与爱的结合日益紧密。

关于教育发展的历史分期问题,众多研究者已进行过多角度的探讨,形成了几种各不相同又相互联系的观点。其中,王本陆教授在划分标准中把教育和社会统一起来,以人的解放(发展)为标准,对教育发展历史进行的阶段划分,为我们考察教育史的超越与爱的关系提供了一条有益的纵向线索。马克思在《政治经济学批判》中,提出了著名的人类社会发展三形态理论,即人身依赖的社会、以物的依赖为基础的人的独立性的社会、建立在个人全面发展和他们共同的社会生产力成为他们的社会财富这一基础上的自由个性的社会。王本陆教授以马克思社会发展三形态理论为指导,在把握教育、社会和人这三者的内在联系的基础上,以人的解放(发展)为标准,把教育的发展历程分为依赖的教育(古代教育)、独立的教育(现代教育)、自由的教育(未来的教育)。^① 独立的教育(现代教育)较之依赖的教育(古代教育)有着很大的区别,如教育与生产劳动由脱离到结合,追求全体社会成员的全面发展,以现代科学技术与人文知识为主要内容,由专制、特权的教育走向民主的、大众的教育,教育的社会地位日益提高,形成了系统的教育科学理论等。在独立的教育(现代教育)对依赖的教育(古代教育)的超越中,不难看出教育境界有了层次的提升,其中跳动着更多爱的音符,教育公正、教育人道、教育尊重、教育民主在教育的超越中起到了重要的协调作用。自由的教育(未来的教育)是人类教育发展的理想境界,它将"消除现代教育客观存在的物质束缚、认识束缚、文明水平的束缚而真正达到教育的自由王国。"^②在教育向自由境界的跃迁中,爱已成为教育超越的唯一也是最高理由。"人的发展成为教育的终极目的,发展人的多方面潜能成为教育存在的主要理由,教育成为任何人都享有的不能以任何借口剥夺的基本权利,受教育成为人的

---

① 王本陆.教育崇善论[M].广州:广东教育出版社,2001.11.

② 王本陆.教育崇善论[M].广州:广东教育出版社,2001.66

一种不可冒犯的尊严。"①这时,教育真正成了为人的教育,爱与自由在教育的超越中尽情绽放。

三、实现教育的终极目的需要爱

目的性是人类活动区别于动物本能活动的根本标志,马克思对此有过形象的描述。"蜘蛛的活动与织工的活动相似,蜜蜂建筑蜂房的本领使人间的许多建筑师感到惭愧。但是,最蹩脚的建筑师从一开始就比最灵巧的蜜蜂高明的地方,是他在用蜂蜡筑蜂房以前,已经在自己的头脑中把它建成了。劳动过程结束时得到的结果,在这个过程开始时就已经在劳动者的表象中存在着,即已经观念地存在着。他不仅使自然物发生形式变化,同时他还在自然物中实现自己的目的,这个目的是他所知道的,是作为规律决定着他的活动方式和方法的,他必须使他的意志服从这个目的。"②所以,教育目的是人们在进行教育活动之前,在头脑中存在地对教育活动结果的预期,是教育活动的起点和归宿,是对整个教育活动的基本定向。从古至今,不同的时代形成了不同的教育目的。并且,由于主体不同,立场和视角不同,对教育目的的认识和表述也各有不同的侧重和偏向。由于教育目的的多层次和多维度,我们有必要追问教育的终极目的,用教育的终极目的来引领教育,并揭示爱对于教育终极目的的意义。

(一)教育的终极目的是学生的幸福

无论是学者从学理角度提出的教育目的,还是国家从国家利益的角度提出的教育目的,抑或是不同的教育机构、不同的教育层次和不同个人不成文的教育目的,都要以培养"人"为出发点和最终归宿,区别只在于培养具有什么社会属性和质量规格的人。无论是培养"劳动者""人才""建设者和接班人""公民",还是培养"功利人""工具人""理性人""有智能有完善道德的人""走向世界历史的人",都不是教育的终极目的,只有

---

① 孙彩平.教育的伦理精神[M].太原:山西教育出版社,2004.99.

② 马克思.马克思恩格斯全集(第二十三卷)[M].中共中央马克思恩格斯列宁斯大林著作编译局译.北京:人民出版社.1972.202.

把教育的终极目的置于"学生的幸福"之中,才是教育的真正意义所在。

1.教育以学生的幸福为终极目的,具有应然性

正如亚里士多德所指出:"既然目的是多样的,而其中有一些我们为了其他目的而选择,例如钱财、长笛,总而言之是工具,那么显然,并非所有目的都是最后的目的。只有最高的善才是某种最后的东西……总而言之,只是那种永远因自身而被选择,而绝不为他物的目的,才是绝对最后的。看起来,只有幸福才有资格作绝对最后的,我们永远只是为了它本身而选取它,而绝不是因为其他别的什么。"①因此,幸福是人类永恒的追求,也是人类所有活动的终极目的,教育活动也不例外。

教育事业的公益性决定了教育不是一个人的事业,也不是某个组织群体的事业,而是全人类的事业。虽然在教育目的价值取向上有"个人本位论"和"社会本位论"之争,可是随着人们对教育认识的加深,个人和社会之争已无所谓对错与胜负,二者可以统一于学生的幸福。由于社会是由个人构成的,个人一切方面的发展都与社会发展有着密切的联系,个人的幸福不仅使个人的生活质量提高,精神世界充实,而且会作为更具活力和创造力的力量促进社会的发展。同时,个人的幸福也是社会幸福的重要组成部分,个人的幸福指数是社会幸福指数的参照系。特级教师李镇西也认为:"尽管教育应该既为着个人发展又为着社会进步,但从根本上看,最终还是落脚到人本身的发展与幸福,因为教育是对'人'教育,所以必须符合'人'的本质。"②由此可以发现,无论是从何方利益出发,站在什么视角上,教育都应该是为人谋幸福的事业,教育活动的终极目的都应该是所有学生的幸福。

幸福不是快乐、不是欲望的满足,也不是利益的获得,幸福"会以纯粹意义的方式被保存积累,会永远成为一个人生活世界中抹不掉的一层意义"③,因此人们对幸福的追寻也即是对人生意义与价值的追寻。同

---

① [古希腊]亚里士多德.尼各马科伦理学[M].苗力田译.北京:中国社会科学出版社,1990. 10-11.

② 李镇西.民主与教育——一个中学教师对民主教育的思考[M].桂林:漓江出版社,2007.99.

③ 赵汀阳.论可能生活[M].北京:中国人民大学出版社,2010.137.

时,教育也是"人与人精神相契合,文化得以传递的活动",更是"人对人的主体间灵肉交流的活动"。① 教育的精神性正与人的幸福的意义性相契合,这就决定了教育不是"实利的下贱侍女"②,也不是"人类幸福的屠宰场",而是要始终关注学生的精神充实与幸福,教育过程要成为使学生幸福的过程,教育结果也要让所有学生成为幸福的人。

无视学生幸福的教育目的是危险的。如果我们把教育目的停留在"学而优则仕"上,"仕"的追求便会使学生徒增许多对教材、作业、分数、升学的关注,从而失去享受学习过程的幸福。如果我们把教育目的停留在"五花马,千金裘"上,物欲满足的同时失去了生活的意义,结果也只能是"钟鼓馔玉不足贵,但愿长醉不复醒"! 因此,无视人的幸福的教育导致的结果不仅仅是教育的异化,还有教育中人的异化与疏离。

2. 教育以学生的幸福为终极目的,具有可能性

教育是为人的活动,也是人为的活动,无论是宏观的教育设计还是微观的教育实施,都是人对教育思考和行动的结果。爱因斯坦说:"不管时代的潮流和社会的风尚怎样,人总是可以凭着自己高尚的品质,超越时代和社会,走自己正确的路。现在大家为了电冰箱、汽车、房子而奔波、追逐、竞争,这是我们时代的特征。但是也还有不少人,他们不追求物质的东西,他们追求理想和真理,得到了内心的自由和安静。"③人的超越性和对理想、真理的追求,决定了教育以学生的幸福为终极目的的可能。

中外教育史上不乏把幸福作为终极追求者,并且产生了广泛影响。如"教育的目的(end of education),亦即生活本身的目的,是通过培养道德和理智美德来获得幸福"(阿奎那 Acquinas,T.)④。"通过道德和理智美德的实践去追求幸福是教育的主要目的"(艾德勒 Adler,M. J.)⑤。"教育的主要目的在于使学生获得幸福,不能为任何不相干的利益而牺

① [德]雅斯贝尔斯.什么是教育[M].邹进译.北京:生活·读书·新知三联书店,1991.2-3.

② A. J.汤因比.展望21世纪——汤因比与池田大作对话录[M].荀春生等译.北京:国际文化出版公司,1985.61.

③ 鲁洁.道德教育:一种超越[J].中国教育学刊,1994(6):2-8.

④ 瞿葆奎主编.教育学文集·教育目的[M].北京:人民教育出版社,1989.399.

⑤ 瞿葆奎主编.教育学文集·教育目的[M].北京:人民教育出版社,1989.416.

牲这种幸福,这一点当然是毋庸置疑的"(乌申斯基)①。"假如我们通过教育,能够消除称霸和欺压他人的欲望,使世人不再感到受压迫,而代之以为他人谋幸福的欲望,世界就会日益富裕起来"([美国]桑戴克)②。教育史上的思想光芒,照亮了教育追求人之幸福的道路,也为教育以学生的幸福为终极目的提供了历史的依据。

实际上,教育本身的构成就具有实现学生幸福的内在可能,关键在于人们是否把这种可能变为现实,以及在变可能为现实的过程中是否偏离了最美好的初衷。如德育在满足个人道德生活和完善个体道德自我的同时,"可使每个个体实现某种需要、愿望(主要是精神方面的),从中体验满足、快乐、幸福,获得一种精神上的享受"③。智育可以满足人的好奇心,激发人的求知欲,使人在创造性的探索中体验收获的喜悦,享受精神上的快感所带来的幸福。体育不仅可以满足人的健康的需要,也可以实现人的健美的需求,身体的健康和健美是幸福的基础。至于美育的过程,是人对美的追求和向往的过程,更是获得精神洗礼和幸福感受的过程。

(二)爱是人的基本需要

如前所述,人既是爱的主体又是爱的客体,既可以奉献爱也可以接受爱。格兰·莫斯利也认为:"爱不仅仅是一种情感;它是一种需要,一种饥渴,而这些都是极其自然的。谁要是不奉献爱和接受爱,谁就无法幸福地生活。这就是对法律的履行和对生活的实践。"④因此,爱是人的基本需要,人是爱的动物。

1.爱是人的生物需要

首先从类的角度看,人类这一物种之所以能够在地球上生存并成为整个生物界的主宰,一个非常重要的原因即在于人类存在着爱。正因为爱这一关键的生物机制,人类才得以生存并创造出卓尔不凡的成绩。爱

---

① [俄]乌申斯基.乌申斯基教育文选[M].张佩珍,冯天向,郑文樾译.北京:人民教育出版社,1991.213.

② 瞿葆奎主编.教育学文集·教育目的[M].北京:人民教育出版社,1989.477.

③ 鲁洁.试论德育之个体享用性功能[J].教育研究,1994(6):46-47.

④ 转引自崔德华.爱育论[D]:[博士学位论文].长春:东北师范大学,2007.54.

使人在生存环境非常恶劣的情况下,能够相互合作,携手并进,同甘共苦,一起战胜自然灾害和一切不良因素的干扰。如德斯蒙德·莫里斯所说:"要是原始人类没有和同类合作的基本欲望,人类这一物种是绝无可能生存下来的。要是我们以狩猎为生的祖先真有'原罪',真是些野蛮、嗜血的暴徒,那么人类不会成功地生存下来,早就结束其历史了。"①即使是在物质生活极大丰富的当代社会,爱依然是人类生存发展所必需的,如重建家园的汶川和震后逐渐恢复的玉树需要爱,缩小城乡差距、贫富差距、实现共同富裕依然需要爱。达尔文也许正是从这个意义上说:"无论从长期还是短期看,人类更强烈的推动力可以是——并且一般是——对别人的态度和爱。"②

　　另外从个体的角度看,爱是人的自然生命健康成长的重要促进因素。"生命是现实性中的存在,而爱是生命的推动力量。"③研究发现,在父母对孩子各种爱的行为中,孩子的催产素荷尔蒙和垂体后叶荷尔蒙会发生作用,产生缓和压力效应,这对于促进孩子身体的健康成长具有重要作用。还有对于0–1岁的婴儿,父母充满爱的抚摸对孩子的身体发育起到积极的促进作用,这已在众多孩子的家长中达成共识并应用于养育孩子的实践。其实,人作为一个生物体在其身体发育的过程中,无时不需要爱的呵护和关注。只有爱,才能使人的发育和成长呈现健康、理性、科学的趋势。

　　2. 爱是人的心理需要

　　美国著名心理学家亚伯拉罕·马斯洛(Maslow)在其著作《人性能达的境界》中提出的人类动机理论认为,"驱使人类的是若干始终不变的、遗传的、本能的需要"④,并提出著名的需要层次论,揭示了个体需要的种类与层次。他认为当生理和安全的需要得到满足时,就出现了对爱和归属的需要。"对马斯洛来说,爱是一种两个人间健康的、亲热的关系,它

---

①　[英]德斯蒙德·莫里斯.人类动物园[M].刘文荣译.上海:文汇出版社,2002.14.

②　大卫·洛耶.达尔文:爱的理论[M].单继刚译.北京:中国社会科学文献出版社,2004.233.

③　[美]蒂里希.蒂里希选集(上)[M].何光沪译,上海:上海三联书店,1999.308.

④　[美]马斯洛.人性能达的境界[M].林方译,昆明:云南人民出版社,1987.13.

包括了互相依赖"，"缺乏爱，就会抵制成长以及潜力的发展。临床医生一次又一次发现婴儿不能缺少爱。很多心理病理学者也认为爱的需要受到挫折是心理失调的主要原因。马斯洛说：'爱的饥饿是一种缺乏症，就像缺乏盐或缺少维生素一样……我们需要碘和维生素 C，这一点对每一个人来说都是毋庸置疑的。'"①这就是说，爱是人的心理需要，人需要爱就像需要碘和维生素 C 一样。

从个体成长的现实我们也可以发现，从小享受到正常父爱和母爱的人，大多心理健康，具有平和、开朗、积极向上的个性品质。而从小缺乏正常父母之爱的人，则大多孤僻、脆弱、冷漠。在现实生活中，很多人也是由于爱的疏离而产生情绪不佳、自信心不足、空虚寂寞等心理问题，甚至也有一些人由于长时间爱的缺乏而导致心理疾病，或发生越轨、犯罪等不良行为。相信许多处于爱的迷茫和困惑的人会在这里找到共鸣："不知你有没有这种感觉，当你拿起电话的时候，却找不到一个可以倾诉衷肠的知心人儿！不知你有没有这样的时刻，当'天上的星星/为何像人群一样拥挤呢/地上的人们/为何像星星一样疏远呢/……'这首老歌响起的时候，却能引起你无限的思绪、心灵的颤动、热泪盈眶。这就是孤独，这就是孤独的情境、孤独的滋味。"②有爱的人不会孤独，只有缺乏爱的人才"找不到一个可以倾诉衷肠的知心人儿"，才能品尝"孤独的滋味"，才会"心灵颤动、热泪盈眶"。可见，爱是人的心理需要，爱对人的心理健康和心理幸福至关重要。

3. 爱是人的精神生活的需要

麦克基对精神生活的内涵进行了阐释。"所谓精神生活，本质上是一系列的人与人之间和人与团队之间的交往，并在交往中得到满足，同时也改善社会。所以，精神生活也不是纯粹的个人生活。人在与他人交往过程中，即使自己的精神升华，也使社会沿着自由和公正的向度发展。"③

---

① ［美］弗兰克·戈布尔. 第三思潮——马斯洛心理学［M］. 吕明，陈红雯译. 上海：上海译文出版社，1987. 44.

② 吴光远，李慧. 弗洛姆：有爱才有幸福·目录［M］. 北京：新世界出版社，2006. 1.

③ 转引自王坤庆. 精神与教育［M］. 武汉：华中师范大学出版社，2009. 89.

因此从这个意义上说,精神生活的满足是在人与人之间交往的过程中实现的。而只有相互之间爱的奉献和接受,才能冲破人与人之间的隔离和提防,实现人与人的交往和结合。人们对精神生活的需求,也是对交往的需求,更是对交往中爱与被爱的需求。正如赵汀阳先生所说:"每个体验过关心别人的人肯定知道,对他人的积极情感确实是美好经验,当我们去帮助别人时,心中便是蓝天白云,海洋草原。"①从中可见充满爱的关心可以给人以美好的精神体验。

特别是现代社会,随着社会生产力和科学技术的迅猛发展,人们的物质生活水平有了极大的提高,人们在享受物质生活所带来的满足的同时,对精神生活也有了更高的追求。这种追求表现在人们渴望得到家庭的温暖、朋友的关心、同事的爱护、团队的尊重、领导的赏识,渴望作为一分子公平公正地参与到更多的集体生活等。"在自然经济社会人与自然直接结合,居住分散,尚未感到自己的渺小。在现代社会,尽管人类加强了对世界的统治,但在大机器轰鸣和大城市的人山人海中,每个人却难免经常感受到这一点。为摆脱这种心理不平衡,人们必须在世界、在社会、在他人面前确证自我,展示自我存在的价值。"②人们需要展示自我、确证自我,需要别人承认自我,需要别人的理解、尊重和支持,而爱能实现这一切。爱能通过实现人与人的交往满足精神生活的需求,爱也能使人在交往中发现个人存在的意义和价值,从而成长为一个具有更高精神追求的人。"从某种意义上讲,爱是我们对世上每一个人的美好理想与愿望。当我们沐浴着爱的雨露,我们的内心便被幸福充满了;而一旦缺少了爱,我们的内心就显得空荡荡的。"③

(三) 实现学生的幸福需要爱

当我们阐明了教育的终极目的是学生的幸福,人是爱的动物,那么实现教育的终极目的,也就是实现学生的幸福需要爱就是不辩自明的道理。

---

① 赵汀阳.论可能生活[M].北京:中国人民大学出版社,2010.121.

② 钟国兴.社会选择论[M].北京:人民出版社,1987.87.

③ [美]约翰·马克斯·坦普尔顿.发现人生定律[M].韩慧强等译.北京:国际文化出版公司,2003.4

但是,学生是处于教育中的群体,学生的幸福追求和幸福需要与其他人既有共性,又有其独特性,我们需要从教育哲学的视角来分析学生的幸福以及学生的幸福对于爱的需求。

首先,实现所有学生的幸福需要爱。无论是古代社会还是现代社会,无论是中国还是外国,教育对所有学生幸福的关注都是一种理想和希冀,在不同历史时期和不同国度都没有完全实现。实现所有学生的幸福,客观上需要教育资源的极大丰富,主观上需要教育观念的全面变革。实际上,无论是对教育资源的分配还是对教育观念的变革,都必须贯穿着爱。美国教育家爱默生曾有一名言:"教育的秘密是尊重学生。"而尊重与爱同源。尊重学生就是尊重每个学生的不同需求。"尊重学生之间的差异,给每一个孩子不同的教育,以适合每一个孩子的不同需要、能力和兴趣。"①只有对所有学生都充满爱,才能对所有学生一视同仁,才能关心和尊重所有学生的受教育权和不同个体的差异性需求,才能把所有学生的幸福当作自身的责任,克服各种客观障碍和主观偏见,为所有学生的幸福着想。"可以说,人类是以爱来对现世中不完善方面进行挑战的存在,或者说是因为爱才不怕受挫折而不断向现世的不完善方面进行挑战的存在。的确,人类是借助于爱可以预感到超越的形而上的存在。"②所以,实现所有学生的幸福需要法律、制度、道德,更需要爱,因为爱可以实现挑战和超越。

其次,实现学生的全面幸福需要爱。正如爱是人的生物需要、心理需要,也是人的精神生活的需要,对于学生来说,实现身体、心理、情感、精神生活等各方面的幸福也需要爱。一方面,只有爱学生,才能把学生的全面幸福作为教育的终极追求。另一方面,只有爱学生,才能在教育过程中始终把学生的身体与心理、人格与修养、认知与情感、物质与精神统一起来,而不偏废于任何一隅。"事实上,正像苏格拉底说的一样,所谓真正的教

① [加]马克斯·范梅南.教学机智——教育智慧的意蕴[M].李树英译.北京:教育科学出版社,2001.60.

② [日]今道友信.关于爱和美的哲学思考[M].王永丽,周浙平译.北京:生活·读书·新知三联书店,1997.97.

育应该是把青少年内在的精神的可能性引导出来。对此,我们可以借助柏拉图的话,这叫'精神的孕育'。"①在爱的驱使下,教育者关注的目光不单单投向学生的学习成绩,而是投向学生的身体是否健康、精神是否愉快、是否具有积极的态度和向上的观念。更重要的是,教师充满爱的关注促进了学生的全面发展,帮助学生由不成熟走向成熟,由无精神走向精神焕发,由单一幸福走向全面幸福。特别是在当代,知识成了谋生赚钱的手段,考试成了割裂学生的刀斧,纪律成了禁锢人性的锁链,学生对幸福的理解和追求也随着时代的这一流俗而单一化,学生的幸福状况更是无从谈起,毫无保障,甚至是被摧残。要治愈这一"教育病"②,要实现学生的全面幸福,唯有爱,唯有让爱这一教育的动力因素发挥她原始的生命力,才能还教育以本真,还学生以全面的幸福。

再次,实现学生幸福过程与幸福结果的统一需要爱。"幸福既是教育的最终目的,也要贯穿于整个教育过程,我们必须追求幸福过程与幸福结果的完美统一,就是艰苦、漫长的过程,也应该在'以苦为乐,乐在其中'的心境中体会到幸福和快乐。"③教育过程中的幸福主要取决于学生在教育过程中的身心愉悦状况、精神充实程度和成就感、荣誉感的获得等。要实现学生在教育过程中的幸福,当务之急是要重视学生的主体地位,实现师生之间平等的交流和对话。"教师应该是教育过程中的权威,但权威如何不滑向权力主义,不至于借权威之名,对学生进行控制,其出路就在于使教育充满爱的关怀和沐浴,只有爱,控制才能变成师生'我'与'你'的平等交流和对话,教师的要求才能为学生乐于接受,化为学生的内在需要,只有爱,教师的知识和他所代表的制度,才能变成实质的权威,得到学生的认可,从学生那里'赢得'权威。只有爱,才能平等地对待

---

① [日]今道友信.关于爱和美的哲学思考[M].王永丽,周浙平译.北京:生活·读书·新知三联书店,1997.129.

② 中国教育病是指存在于中国大、中、小学校甚至研究生教育机构中的有违教育目的和妨碍学生身心健康发展及阻碍发明创造性人才培养的各种不正常状态。主要表现在应试教育上,其次为入学年龄、学制、学习内容以及招生范围或对象等方面,更甚者把教育作为一个赚钱的行业和滋生腐败的温床等。

③ 宋吕银.幸福教育的三个基点[N].中国教育报,2009-9-24(4).

每个学生,公平地分配教育资源,不至于使优生更多地享用自由,而限制和否定所谓的'差生'的自由;只有爱,才能使教师的管理走向民主,使师生走向平等。"①所以,爱使师生走向平等成为可能,爱也是学生在教育过程中体验幸福的基本保证。另外,幸福的教育结果,通常被理解为通过教育,学生能有一个幸福的归宿,或者说有一个美好幸福的生活,而这也需要爱。因为爱指向的是学生的身心全面和谐发展,关注的是学生人生意义与价值的实现。一方面,身心全面和谐发展本身就是一种幸福的体验;另一方面,对人生意义与价值的追求,使学生对幸福的追求和理解也上升到更高的精神境界,而不是"使他成为只关心生产物质财富的世界中的一颗光滑耐用的齿轮牙"②,也不是沉溺于动物式的"幸福"和"满足"之中,成为"单向度的人"。因此,实现学生教育过程中的幸福需要爱,实现学生教育结果中的幸福也需要爱,爱使学生在过程与结果中成为幸福的人。

总之,爱是教育发生的动力因素,是教育超越的支点,并在实现教育终极目的中不可或缺。爱不仅是教育模式、教育手段、教育道德,爱更是教育之知、教育之情、教育之意、教育之行,爱也是最美的教育精神。以上,我们研究了爱对教育的重要意义。另一方面,教育对爱同样发挥着重要作用。下面,我们探寻爱与教育关系中教育对爱的意义与作用——教育促进爱的普及与升华。

四、教育促进爱的普及与升华

(一)爱的普及与升华需要教育

爱是人类特有的情感和行为。但是,人类爱的情感和行为并不是与生俱来,它是在教育的促进下发生、发展的。如婴儿不顾母亲困乏,半夜哭叫,懂事了才会体贴母亲,而懂事和体贴母亲(爱母亲)是正确教育的

---

① 冯建军.生命与教育[M].北京:教育科学出版社,2004.265.

② 伊丽莎白·劳伦斯.现代教育的起源和发展·序[M].纪晓林译.北京:北京语言学院出版社,1992.IX.

结果。另外,爱的境界有真、善、美之分,爱的境界的提升同样与教育密不可分。因此,爱的普及与升华需要教育。这有其充分的生理、心理与社会文化的依据。

生理依据。爱的产生是以人类大脑结构及人的神经系统的活动为物质基础的。有实验证明:人类存在着一种有遗传基础的程序或脑活动状态,它们制约着每种特定的情绪状态,每一种情绪都受特殊的程序所控制,人的社会性情感有相对固定的中枢组织和特有的神经机制。[1] 也有研究认为:"大脑额叶前部是人特有的神经结构,由于有了这样的神经联系,人能领悟到应该照顾别人的需要,愿意用自己的知识去减轻别人的痛苦。这是自然演化的大转折,也是动物神经结构演化的最高阶段。"[2]综合以上研究可见,人的大脑结构及神经结构为爱的产生提供了物质前提,但这个物质前提要转化为现实,还需要教育加以及时的开发。因为人的额叶前部较之大脑的其他部位发育较晚,必须经过教育和锻炼才能变得强大有力,从而发挥出其原始的爱的生命力。

心理依据。20世纪30年代,心理学家勒温受物理学的场论的启示,提出了"心理动力场理论"。在勒温看来,人的行为是人与环境相互作用的结果,环境与个体间的互动关系是人的行为的有力影响因素,是一种场现象。心理场与物理学的场虽有许多不同之处,但作为场的一种,也具有场的共同特点。首先,心理场有能量。能量的发散产生场效应,个体一旦进入某个心理场,就会受到能量的冲击,从而使个体与环境之间产生互动关系,影响个体的行为。其次,心理场有极性。在这里,个体就像一个小磁针,必须与心理场的"磁力线"的方向保持一致。[3] "心理动力场理论"的提出,为爱的普及与升华需要教育提供了重要的佐证,教育积极的能量与正向的极性是爱得以发生并发展的重要心理场。另外,心理学研究表明,人都有模仿和认同的心理。通过直接的观察学习和模仿,人们可以使学习达到又快又好的程度。由于认同心理的驱使,人们常将自己敬慕的

---

① 刘峰.人与教育[M].长沙:湖南教育出版社,1988.204.

② 朱小蔓.情感教育论纲[M].北京:人民出版社,2008.19.

③ 谢桂新,柳海民.陶冶教育的理论基础与实践策略探析[J].教育探索,2011(4):11-14.

人当作崇拜的偶像。因此,利用学生的模仿和认同心理,教育中可以用树立爱的榜样的方式促进学生爱的普及与升华。

文化依据。文化学家通过在不同民族的各种实证考察,证明了像亲子感情、性行为、示爱方式、种族偏见、音乐表演,甚至良心这些具有强烈情感色彩的行为,都是文化的产物。① 由于爱的发生是人知、情、意、行的有机结合和统一,因此爱也是具有强烈情感色彩的行为,是文化的产物。"作为文化沉淀,作为文化无意识,可以通过制度、风尚、习俗、社会心理,通过文化艺术作品影响一代一代人。但是,这种自发影响是缓慢的,况且,其中鱼龙混杂,特别是并非每个人都有机会接触优秀的人物、高尚的心灵和美好的事物。"②这时就需要教育隆重登场,发挥其文化传承与文化选择的功能。教育不仅要将人类最崇高最伟大的爱展示于受教育者,同时要通过受教育者将爱传承下去,并且在传承中实现爱的普及与升华。

(二) 教育能够促进爱的普及与升华

"教育是力量的增强。它是建立和加强民主的关键,是人道的可持续发展的关键,是实现建立在相互尊重和社会正义基础上的和平的关键。"③其中的民主、人道、尊重、正义和平等都与爱密不可分,可见教育对于爱的巨大力量。因此,爱的普及与升华需要教育。同时,从应然的角度来说,教育也能够促进爱的普及与升华。其中,整个教育场中爱的环绕、教育者爱的付出、教育过程中爱的渗透,是促进爱在学生中普及与升华的重要途径。

教育场:使学生在感受爱中产生爱。教育的本质属性是人的培养,教育的本体功能也是培养人。如前所述,人是爱的动物,教育是一项爱的事业,教育发生的动力来源于上代人对下一代的爱与责任,教育发展中的超越时时需要教育者爱的付出。我们借用物理学中"场"的概念和心理学中"心理动力场"的相关理论假设,把教育事业和教育活动所赖以运行的空间称之为"教育场",那么教育场就是一个充满爱的场,是一个有爱环

---

① 朱小蔓. 情感教育论纲[M]. 北京:人民出版社,2008.24.
② 朱小蔓. 情感教育论纲[M]. 北京:人民出版社,2008.25.
③ 苏君阳. 公正与教育[M]. 北京:北京师范大学出版社,2008.289.

绕的场。教育场中强大的爱的能量和爱的吸引,会使学生在这一场中获得更多爱的体验,从而在感受和体验爱中产生爱。罗素(Bertrand Russell)关于教育场中的爱对于促进学生产生爱的意义有过比较形象的论述。他说:"我们应当尽量让爱的源泉汹涌奔流,舍此之外的任何事情我们都不能去做。如果你告诉孩子,他们必须富有爱心,你就是在冒制造骗子、小人的危险;但若你使他们幸福自由,如果你对他们和蔼可亲,你就会发现,他们是会自然地善待他人的,而他人也同样会投桃报李。一颗真诚的爱心能证明其自身的合理性,因为它会产生无法抗拒的魅力,并引起所期望的反应。"①教育就是一个爱的源泉汹涌奔流的场,教育场中的爱并不一定是某一具体爱的事件或爱的形式,它是一种爱的氛围,如对所有学生公正平等的尊重、理解,为他们提供幸福自由的教育物质环境和精神环境,这是教育的应有之义,也是教育的理想追求。受教育者(学生)只要进入到这种充满爱的教育场,也就是进入到这种教育氛围中,也会自然地萌生尊重、理解、公平、公正,慢慢地学会爱已、爱人、爱物等爱的情感和行动。

教师:使学生在接受爱中发展爱。教师是教育过程中与学生接触最为密切的人,所以教师对于发展学生爱的作用最为直接。一位后来当了中学校长的纳粹集中营的幸存者,下面写给每位老师的这封信,着实发人深思。信中写道:"亲爱的老师,我是集中营的生还者。我亲眼看到人类所不应当见到的情景:毒气室由学有专长的工程师建造;儿童由学识渊博的医生毒死;幼儿被训练有素的护士杀死;妇女和婴儿被受过高中或大学教育的人们枪杀。看到这一切,我怀疑:教育究竟是为了什么?我的请求是:请你帮助学生成为具有人性的人。你们的努力绝不应当被用于制造学识渊博的怪物、多才多艺的变态狂、受过高等教育的屠夫。只有在能使我们的孩子具有人性的情况下,读写算的能力才有其价值。"②可见教师"教书育人"的天职需要有一个正确的诠释,教书育人不仅要育智、还要育德、育行、育爱,如果背离了这个正确的轨道,就是在育根,其结果可能

---

① [英]伯特兰·罗素.教育与美好生活[M].杨汉麟译.石家庄:河北人民出版社,2001.137.

② 转引自郝德永.课程与文化:一个后现代的检视[M].北京:教育科学出版社,2002.321.

导致的是培养了一群没有人性,缺乏爱的人。"爱是不可能像安定这种药品那样可以成瓶地买到的,而是必须在充满爱的环境中通过模仿我们所爱的人才能习得的。如果爱不是在童年就播撒在我们的心田中,在日后的岁月里就难以指望获得丰厚的收成。"①所以儿童在成长过程中有一定的模仿、向往、师从现象,教师的言传身教是最直接的教育手段,也是最有效的教育载体,所以师爱对学生爱的培育意义重大,学生只有接受了教师的爱才能逐渐发展个人爱的能力。教师的爱具有榜样效应,教师爱学生,就能够播撒爱的种子于学生的生命中,并促发爱的种子萌芽、生长,最终发展学生的爱心与爱行。反之,教师对学生采取无爱或冷漠的态度,学生感觉不到温暖和关心,就容易产生对他人、对社会仇视的言行。这也就是斯宾塞所说的:"野蛮产生野蛮、仁爱产生仁爱,这就是真理。待儿童没有同情他就变得没有同情;而以应有的友情对待他们,就是一个培养他们友情的手段。"②

教育过程:使学生在学习爱中升华爱。教育是使人成为人的活动,在培养人的各类教育活动中都蕴含着爱的教育,都能够促进学生爱的普及与升华。将爱作为道德的范畴,在德育中培养学生爱的思想和情感,再到爱的行动,是许多理论研究者和实践工作者所秉持的观点和做法。我们认为爱虽然表现为道德但又超越于道德,不过思想道德教育的确是对学生进行爱的教育的最直接最有效的途径。如在了解灿烂的中华文明及其对人类文明、世界文明所做的卓越贡献中,可以激发学生对祖国的爱。在培养学生以集体主义为核心的世界观、人生观、价值观和荣辱观的过程中,可以激发学生对人类、对大自然、对整个世界的爱等。道德教育在使学生服从一定的社会秩序的同时,还培养学生具备坦率、真诚的生活态度,主动积极地与他人建立起交流、理解和同情的相互关系,这也就是爱心和爱的能力的培养。"人文教育的核心是人文精神的培养,人文精神的诞生始于对生命的珍视、对暴力的憎恨、对无辜者的同情、对死难者的

---

① [美]安东尼·华尔士.爱的科学[M].郭斌等译.北京:团结出版社,1999.333.
② [英]斯宾塞.教育论[M].北京:人民教育出版社,1962.107.

怜悯、对同类者的仁爱。"①由此可以看出,爱的培育在人文教育中占有重要分量。通过人文学科的学习,可以使学生的发展达到更高的水平和状态,实现对人性的拓展,促进每个学生爱的思想和精神境界提高到普遍的行为模式,并且在某种程度上超越自我。美育也是一种爱的教育,美育在发展学生各种审美素质和审美能力的同时,也发展着学生各种爱的需要与能力。正像美没有功利一样,爱亦不是占有,所以在审美教育中,不少美育内容都融入了爱的品格。学生在学习美、欣赏美中,可以唤起爱的良知,能使学生在困境中崛起,在迷途中知返。苏霍姆林斯基十分强调美的欣赏对培养学生对祖国之爱的重要作用。他说:"借助童话展现出来的故乡美、幻想和创造,这是对祖国爱的源泉。人是逐渐理解和感受祖国的雄伟与强盛的,这种理解和感受的渊源就在于美。"②

① 崔德华.爱育论[D]:[博士学位论文].长春:东北师范大学,2007.100.
② 苏霍姆林斯基.教育的艺术[M].长沙:湖南教育出版社,1983.158.

第三章　教育爱的新视界

爱是教育永恒的主题,教育与爱从来都是水乳交融般地交合在一起。教育就像水池一样,"教育上的水是什么? 就是情,就是爱。教育没有了情爱,就成了无水的池,任你四方形也罢,圆形也罢,总逃不了一个空虚"①。从中可见,爱在教育中有着非常重要的作用。但是,我们生活的时代是一个"与爱对立的时代",一个"工具理性的时代",一个"技术犹如上帝的时代",现时代的教育"也沾染了时代的流俗,加剧着对爱的排斥和消解"②。因此,在这个爱被放逐的时代,从一个新的视角研究教育爱,进而形成对教育爱的理性认识,对教育具有别样的意义。

一、教育爱的含义

在教育理论研究中,早有"教育爱"之说,其中大多包括教师爱学生和教师爱教育事业两部分,是指教师在教育教学过程中所表现出来的一种高尚的道德境界、敬业精神和富有人道性的教育艺术,属于教师伦理学的范畴。这只是微观视域中的教育爱,这种视域不但缩小了教育的范畴,而且缩小了爱的空间,是对教育爱的不完全解读。教育是一项爱的事业,教育爱不仅仅是教师之爱,更是全体教育工作者的爱;不仅仅是存在于教育教学之中的爱,更是在整个教育事业中的爱。

(一)教育爱是全体教育工作者的爱

以往对教育爱的研究缩小了教育的范围,把教育仅仅限定在学校的

---

① [意大利]德·亚米契斯.爱的教育[M].夏丏尊译.南京:译林出版社,1997.1.
② 高德胜.论爱与教育爱[J].教育研究与实验,2009(3):1-6.

教学活动中，实际上，教育活动不仅包括教学活动，也包括教育的决策、教育的组织和实施等所有与教育有关的活动。所以，教育爱不仅仅是教师的爱，而应该是一个组织群体的爱，这个组织群体包括代表国家和各级政府意志的教育决策者、教育组织者、教育实施者。也就是说，教育爱的主体是教育决策者、教育组织者、教育实施者。对制度化教育而言，具体包括国家级教育行政部门人员、省（市）级教育行政部门人员、县（区）级教育行政部门人员、乡（镇）级教育行政部门人员、学校教育行政人员以及学校教师等，我们把他们统称为教育工作者。

教育中的人除了教育决策者、教育组织者、教育实施者，还有受教育者，他们都是有爱的人。但我们把教育决策者、教育组织者、教育实施者作为教育爱的主体，那么受教育者即为教育爱的客体。20世纪以来，有学者认为主体性日益走向黄昏，后现代哲学家在批判现代性之时，也在做"消解人的主体性"的工作。哈贝马斯认为，人作为一种存在的主体，"从一产生就是一种主体间性"[1]。在强调"主体间性"、强调"交往关系"和"对话教育"的今天，我们把受教育者作为客体与主体对立起来，既不是把受教育者当成"物"，也不是把教育关系演变成一种"对象化关系"，更不是倡导一种"被压迫者教育学"，而是因为教育决策者、教育组织者、教育实施者是发展教育事业的主体，因此他们是教育应然的主体，也是教育爱的主体。受教育者是"教育过程中'学'的主体"[2]，具有的只能是"学生爱"或"感受教育爱"，而不是"教育爱"。当然，这里的受教育者也是一个群体概念。在制度化的教育中，按不同的分类方法划分，受教育者包括所有学校里的学生：如小学生、中学生、大学生；发达地区学生、中等发达程度地区学生、欠发达地区学生；城市学生、农村学生；男生、女生等。

（二）教育爱是在整个教育事业中的爱

教育爱是在整个教育事业中的爱，这就把教育从课堂教学、学生管理

---

① 大卫·M.列文.倾听着的自我［M］.程志民等译.西安：陕西人民出版社,1997.134.

② 柳海民.教育原理［M］.长春：东北师范大学出版社,2006.103.

投向了更广阔的视域。教育事业包括很多层次，如教育决策、教育组织、教育实施、教育评价等，各个层次的教育活动都蕴含爱，也就是蕴含各级教育行政人员以及学校教师对全体学生的爱。根据教育活动发生的顺序，我们就整个教育事业中的爱，从如下几个层面做纵向的非线性的剖析。

1. 教育决策层面的爱

美国学者亨利·莱文认为："一个国家的教育决策，必需包括向学校提供资源。提供多少教育？什么类型的教育？谁应付费？建立怎样的管理结构？"①这里所说的教育决策即是指教育的宏观决策，是一种全局性的重大决策，是国家或政府对教育做出的总体设计和整体安排，如国民教育的投入、教育的规模、速度和结构等。教育决策的显性形态是教育政策和教育制度。从广义上理解，教育政策"既包括法律化的教育政策（教育法），又包括非法律化的教育政策"②。同时，教育政策本身又是一种制度化的存在，是完善和发展相应教育制度的基础。因此，教育决策层面的爱可通过代表国家或政府意志的教育行政人员所制定的教育政策、法规，采用的教育制度体现出来。

通过保障公平的受教育权利、机会体现政府尊重公民的爱。教育是公益性事业，教育的公益性是指教育活动应当尊重社会全体成员的共同利益，全面反映社会成员的需要，惠及全体公民，保障全体公民有平等的受教育权利、机会等。政府在进行教育决策时，应能够正确认识和维护教育的公益性，制定科学的教育政策和教育制度，从中体现政府对全体公民无差别的、均等的爱。如通过法律法规保证所有公民平等享有受教育的权利和机会，通过政策制定、资源配置保障学校向所有学生公平开放，通过调整招生入学政策保证考试与升学机会的均等。受教育权利和机会的充分保障和平等享有，反映了教育决策者对全体社会成员的尊重，是教育

---

① ［美］亨利·莱文. 高科技、效益、筹资与改革——教育决策与管理中的重大问题［M］. 曾满超，钟宇平，萧今编译. 北京：人民日报出版社，1995. 205.

② 刘复兴. 政府的基本教育责任：供给"公平"的教育政策［J］. 北京师范大学学报（社会科学版），2008（4）：5－10.

决策者爱的体现,也是受教育者爱的需要,更是政府保证教育事业健康顺利发展,办出真正让广大人民群众满意教育的吁求。

通过充足的教育经费支持落实政府的责任,体现政府负责任的爱。美国教育行政专家罗森庭格(Rosentengel, W. E.)曾说:"学校经费如同教育活动的脊椎"①。也就是说,要实现教育的发展,必须有充足的教育经费予以支持。特别是在义务教育阶段,政府是投资办学的主体。而在我国,中央和省级政府掌握了主要财力,承担义务教育经费是其义不容辞的责任。政府是否积极为教育投资,是否愿意把更多的钱花在教育上,既反映了一个国家的价值取向和对发展教育的决心,也反映了政府是否能够履行促进下一代全面发展的责任。而"政府责任不到位,把经济价值、效率价值、功利价值等放在首要位置,甚至牺牲公正价值"②,导致的只能是教育爱的缺位和错位。

通过教育资源的均衡配置实现教育公平,体现政府公平的爱。教育资源主要是指发展教育所必需的人力资源、物力资源、财力资源与文化信息资源等。教育资源配置是指以上人力资源、物力资源、财力资源与文化信息资源在不同类别、层次、范围教育中的结构以及分配情况。教育资源配置是否均衡反映了政府的爱是否公平。教育资源的均衡配置主要包括城乡教育资源的均衡配置、不同地区教育资源的均衡配置、不同类别学校教育资源的均衡配置以及不同层次学校教育资源的均衡配置等。对教育资源来说,完全的均衡配置虽不是不可实现的"乌托邦",但也只是一个不断"在途中"的美好理想,因为均衡是相对的,不均衡却是绝对的。关键是政府的教育决策是否加大了这种不均衡,是否具有把有限的资源均衡分配给各不同类别、层次、范围的受教育者的决心和行动。教育资源的均衡配置,既实现了政府教育爱的公平,也表明了政府对所有受教育者的尊重。

---

① 刘欣.由教育政策走向教育公平——我国基础教育政策的公平机制研究[D]:[博士学位论文].武汉:华中师范大学教科院,2008.76.

② 曾水兵.基础教育改革:公正价值的缺失与重建[J].教学与管理,2007(6):3-5.

2. 教育组织实施层面的爱

如果说教育决策是国家或政府对教育做出的总体设计和整体安排，是宏观层面教育组织实施的体现。那么下面我们进入的将是教育组织实施的微观领域——学校、教师对教育组织实施的剖析，以揭示这一层面教育爱的必要与可能。

学校管理中校长的爱。"校长在学校的地位极为重要，他受国家的委托，对外代表学校，对内负责领导全校的教育、教学和行政管理工作"。① 因此，校长是学校管理中举足轻重的人物，是关心学生、尊重学生、为学生的全面发展负责的应然主体。"学校以教学为主，这是由教育的职能决定的。学校必须以教学为主，也是由教育工作本身的规律决定的。"②校长在学校管理中不是好大喜功，只抓看得见的可量化的管理，而是为学校教学质量和学生素质的提高或运筹帷幄或奔波劳碌，在分数、升学率、业绩数据、物质追求充斥人们视线的现时代保持高度的责任感和使命感，这是教育爱在学校校长身上的充分体现。浙江省杭州市长河高级中学校长陈立群指出："尊重学生的个性，接纳学生的差异，爱学生这个'人'本身，是教育的真爱；爱聪明、爱分数、爱长相、爱听话，是教育的假爱；爱家长的权势地位、爱财、爱物，是教育的错爱。"③这段关于教育爱的诠释，与其说是对教师爱学生的理性指导，不如说是一位校长对教育爱的深刻体悟。如果所有的校长都能像陈立群校长一样理解爱、践行爱，那么学校管理中的爱对学生的成长和发展将起到不可低估的作用。

教育教学过程中教师的爱。如果说政府的爱、各级教育行政人员的爱、甚至校长的爱对学生来说是间接的，那么教育教学过程中教师对学生的爱却是直接的，这发生在教师与学生接触的每一分每一秒、每一言每一行上，也不怪乎以前的研究者单单把教师的爱称作教育爱了。教师的爱对学生影响是深刻的、全面的，是伴随着教师之思、教师之言、教师之行、

---

① 萧宗六. 学校管理学[M]. 北京：人民教育出版社，1994. 188.
② 于伟. 现代性与教育[M]. 北京：北京师范大学出版社，2006. 162.
③ 陈立群. 学校观点 教育的真爱、假爱与错爱[N]. 中国教育报，2009－1－6(6).

教师之态而发生和发挥作用的。教师的思维活动贯穿于整个教学过程，教师的爱也渗透在教师的思维活动中。教学之前的教学设计，教师要了解学生的学习情况，教学方法、手段的选择等都要充分考虑学生的利益。在教学实施中，教师的爱体现在对全体学生的关注，不让一个学生掉队。教学之后的教学总结和思考，是教师为了提高教学水平，更好地促进学生的进步和发展而进行的。教师的语言是教师传道、授业、解惑的重要途径，也是教师对学生热爱的具体表达和传递方式。语言是思维的外在表现，也是内心情感的自然流露，教师在教育教学过程中对学生的表扬、批评、疏导、激励、评价等，无不展示着教师的语言艺术，传达着教师对学生深深的挚爱之情。教师的行动是伴随教师在教育教学过程中对具体事情的处理而产生的。教师处理事情的方法有许多种，但任何一种成功的育人方法，都蕴含一个共同的东西，那就是教师对学生的爱。如其表现在日常生活中教师的以身作则，在选班干部、排座位、分配学习和工作任务中教师对学生的关心、爱护、平等相待，在处理偶发突发事件时教师的细致和耐心、信任与尊重等。教师之态是教师的一种无声语言，是教师用表情、动作、姿势、体态来表达思想和感情的一种方式。"即使是关注的一瞥、信任地点头，在学生们的眼里都是一种爱，一种安慰和鼓励。"①所以，教师积极的面部表情，希望、探询、鼓励的目光扫视，或激励、或肯定、或指示的手势，都传达着教师对学生无声的爱。

3. 教育评价层面的爱

教育评价是对教育的反思、分析、判断和鉴定。侯光文在《教育评价概论》一书中对教育评价进行了分解，认为教育评价包括对学生的评价、对教师的评价、对学校的评价、对地方教育的评价等②。鉴于本书研究的需要，这里只谈爱在对学生评价中的体现。

有爱：促进学生发展的评价目的。教育评价可有选拔性评价、水平性评价、鉴定性评价、甄别性评价、发展性评价等不同价值取向的评价目的。过分强调选拔、鉴定、甄别，把水平评价作为教育者争名夺利的手段，均是

① 胡向荣.师爱论[M].长沙：湖南大学出版社,2004.39.
② 侯光文.教育评价概论[M].石家庄：河北教育出版社,1996.362－463.

对学生无爱的评价。"在万物的秩序中,人类有它的地位;在人类的秩序中,童年有他的地位;应当把成人看作成人,把孩子看作孩子"。① 发展性评价是把学生当作一个充满活力的、充满创造性的、完整的、独特的人来看待,评价有利于学生发展自我意识,提高自我评价能力。在评价中,使学生发现自己的优势和特长,认识到自己的发展潜力,增加学生的学习热情和自信心。在"把孩子看作孩子",在促进每个学生全面健康发展的评价目的中,教育爱从无到有。

含爱:多元化的评价内容。20 世纪 90 年代,美国哈佛大学教授、发展心理学家加德纳(Howard Gardner)提出的多元智力理论(The theory of Multiple Intelligences),为我们提供了一种从多个维度看待人的智力结构的视野和方法,也为教育评价内容的全面多元化提供了理论依据。从只评价学生的知识掌握情况,到全面评价学生的学习态度、意志品质、创新精神、分析问题、解决问题的能力,以及正确人生观世界观的形成,均包含着对学生的负责与尊重。从只关注学生是否学会认知,到全面关注学生是否学会做事、学会共同生活、学会生存,无不蕴藏着对学生成长的挚爱与关怀。

施爱:多样化的评价方法。将评价学生学习结果与评价学生发展过程相结合,是对学生关心、负责的评价方法。学生在学习中的求知过程、思维过程、探索过程也是学生发现问题、分析问题、解决问题的过程。在过程中能发现学生未来发展的潜力与方向,对学生进行及时有效的指导和引导,既可实现促进学生发展的评价目的,又是对学生施予爱的有效途径。将定性评价与定量评价相结合,是一种兼具尊重与公平的评价方法。量化评价可以实现评价结果的科学与严谨,注重如"学生成长手册""学习日记""情景测验"等质性评价,可发现学生成长中最富有意义、最深层次的内容。另外,将评价过程与教学过程同时进行,评价的过程就变成了交流过程、对话过程、师生思想和感情碰撞与融合的过程。爱,自然流淌在教育评价中。

---

① [法]卢梭.爱弥尔[M].李平沤译.北京:人民教育出版社,2001.71.

综合以上的分析,可见:教育爱是教育工作者在整个教育事业中的爱;是教育工作者在教育的决策、组织、实施以及评价等教育活动中所表现出来的对全体受教育者的普遍关心、负责、理解和尊重;是教育工作者在本能和道德约束之外,对祖国、民族、教育事业以及学生发展的精神向往和行动智慧。同时,教育爱也是具有教育品性的爱。

(三)教育爱是具有教育品性的爱

教育爱作为一种教育话语,不能仅限于日常意义上对爱的认识和理解。人类社会的爱纷繁复杂,但任何一种爱都无法与教育爱的特殊意义相比拟,教育爱是爱之精华和极致,具有独特的教育品性。只有从哲学理论的高度关注爱的教育品性,才能使教育爱具有改造教育事业的性格,并且成为影响各教育主体行为的理论资源。

1.教育爱的精神性

有学者将教育爱看作教育道德[①]。本人并不完全持同于把教育爱视为教育道德或教师职业道德的观点。试想,什么样的道德规范能够规范人的爱呢? 爱只能从爱的主客体的互动过程而来,不可能在某种要求下产生。本书认为,教育爱可以表现为教育道德,但是又超越于教育道德,追求一种更高的精神境界。

追求意义与价值:教育爱的精神选择。"现在的根本问题不是什么地方不够规范","而是生活越来越缺乏意义和美感"[②]。教育爱所关注的是受教育者对生活意义的发现和对生活美的感受和体验,而不是单纯地满足于对受教育者知识记忆、技能操作等功利性目的追求。教育爱带给学生的应该是追求意义与美之后的畅快,是达到真与善之后的恬淡,是饱含人性情感光辉与理想追求的充实和坦然。"价值问题本质上是一个选择性的问题"[③],教育爱的价值选择是全体受教育者的全面自由发展,而不是其他功利性、工具性价值。教育爱的对象是人,而不是物,更不是政治、经济等其他社会元素。教育爱就是从每一个人(包括每一类人)的人

---

① 孙彩平.教育的伦理精神[M].太原:山西教育出版社,2004.152.

② 赵汀阳.论可能生活[M].北京:中国人民大学出版社,2010.244.

③ 高清海.哲学的奥秘[M].长春:吉林人民出版社,1997.88.

生际遇出发,重视人的发展与进步,完善人格,提升人的人生境界。冯友兰先生认为:"可以把各种不同的人生境界划分为四个概括的等级。从最低的说起,它们是:自然境界、功利境界、道德境界、天地境界。"①教育爱就是把教育由社会发展的工具提升为具有社会本体的价值,就是促使教育中的人进入"天地境界"——这也就是教育爱由功利境界至道德境界直到精神境界的提升!

具有"为他人"负责意识:教育爱的精神起点。20世纪,当西方世界面临着理性的颠覆与价值的崩溃之时,法国著名伦理哲学家勒维纳斯(Levinas)表现出了自己独到的哲学见解:"为他人"负责任,保留他者的独立性、他异性,为他人奉献无偿的仁爱成为其思想的核心。教育爱就是以"为受教育者"负责为出发点,一切关于教育的设计、安排、组织、实施以及评判都要考虑受教育者的利益,保留受教育者的独立性和他异性,具有不求回报只为奉献的精神质素。勒维纳斯被认定为是一个伦理哲学家,他的思想被称为"为他人的伦理诉求",可勒维纳斯本人并不认为自己是在讲伦理学,他在与德里达通电话时曾说"人们都说我在讲伦理学,可我明明是在谈神圣"②。"神圣"是什么? 神圣高于伦理,超于道德,是一种精神境界和精神追求。"把与他者的关系、对他者的义务和责任看作是主体——我——最根本的存在方式,他者不是我所认识的客体,而是我所要追求的'善',他者是无限,是上帝,我们对他者有无限的义务和责任,"③这段话既是勒维纳斯对"为他人"负责伦理思想的生动诠释,也是教育爱超越于教育道德,追求一种更高的精神境界的理论源泉。

关心学生幸福:教育爱的精神旨归。"教育以幸福为终极目的",应该是大多教育理论工作者的共识,因为"教育以幸福为目的既是一种实然事实的存在,也是一种应然价值的追求。"④那么,教育爱就是以学生的

① 冯友兰.中国哲学简史[M].北京:北京大学出版社,1995.376.
② 孙庆斌.勒维纳斯:为他人的伦理诉求[M].哈尔滨:黑龙江大学出版社,2009.74.
③ 孙庆斌.勒维纳斯:为他人的伦理诉求[M].哈尔滨:黑龙江大学出版社,2009.80.
④ 刘次林.幸福教育论[M].北京:人民教育出版社,2003.75.

幸福为其精神归宿。关心学生幸福,不是关心一个学生或一群学生的幸福,而是关心所有学龄儿童的幸福。无论贫穷还是富裕,无论农村还是城市,所有儿童都能享受到教育阳光雨露的润泽。从我国现实出发,关心学生幸福要着眼于提高教育质量、调整教育结构、促进教育公平、促进义务教育均衡发展、发展学前教育和特殊教育、关心留守儿童和进城务工子女等。幸福既是教育的终极目的,也是教育过程的应该追求。所以关心学生幸福,就是要关心学生幸福过程与幸福结果的和谐统一,关心学生当下幸福与未来幸福的完美结合。关心学生的幸福结果和未来幸福在现行教育中已得到了充分重视,正如好多人趋之若鹜的今日的学习是为了明日更好的生活,考大学、出国留学是人生的较好出路等,在此不做赘述。实际上,我们更应该关心的是学生幸福的学习过程和当下的学习幸福,也即要使学生在受教育过程中感受到公正、尊重、秩序、礼貌和热情,使学生在受教育过程中身心愉悦、意志坚强、精神充实,使学生在对幸福结果和未来幸福的追求中享受痛并快乐着的"持久的祥和愉快感觉"①。

2. 教育爱的智慧性

智慧,是人类的永恒追求。"在社会生活中,智慧是个体生命活力的象征,……它不只是一般意义上的聪明,甚至也不只是心理学概念中的智商,它是每个个体安身立命、直面生活的一种品质、状态和境界。"②教育爱的智慧性,也就是教育爱的主体、教育爱的实施策略、教育爱的客体所表现出来的一种智慧的品质、状态和境界。

主体的智慧。教育爱的智慧性,首先来自爱的主体的智慧。教育爱的主体智慧起来,才能生发出智慧的爱。主体需要有智慧的思维。主体的思维可分为三个层次:远思,是对教育明天的展望和设计;近思,是对教育今天的筹划和安排;反思,是对教育昨天的审视和批判。主体的思维还有三种品质:思真,遵循真理和真知;思善,兼顾善因和善果;思美,追求形美与神美。兼具三个层次和三种品质的思维就是智慧的思维。主体需要有智慧的行动。智慧的行动是在智慧思维指导下的行动,也就是对教育

---

① 赵汀阳.论可能生活[M].北京:中国人民大学出版社,2010.136.

② 田慧生.时代呼唤教育智慧及智能型教师[J].教育研究,2005(2):50-57.

有了规划和设计之后，就要不折不扣地去依照该计划予以实施，无论有多少困难和阻力，无论再有多少更为功利与物质的诱惑，都要把培养智慧的人落实在每一步的行动中。另外，能够及时校正或弥补通过反思而发现的教育问题或教育遗憾，也是行动的一种智慧品质。有了智慧思维与智慧行动的主体，就是智慧的主体。这时的主体，不仅是爱者，同时也是智者，是爱和智统一的人。

策略的智慧。教育爱的策略就是主体选择如何让爱通过教育活动载体惠及受教育者。此处以策略为题，而不是方法或原则等，主要是区别于一些有关爱的技巧性的东西。策略需要的不是技巧，而是智慧。教育爱不仅应该是挚爱，而且必须是智爱。理性之爱是教育爱的一种智慧选择。这种爱深沉、崇高、公正，具有建设性和发展性。理性之爱超越人的自然本能，自然本能之爱可能倾向于爱赏心悦目、爱乖巧伶俐、爱利禄功名，这也就造成教育中的溺爱、偏爱、错爱。理性之爱需创造性地调节爱的倾向和程度，避免对不同个体或群体学生或过或不及之爱，是一种饱含深厚的历史感和责任感的爱。除了合理，合目的与合规律相统一是教育爱的另一种实践智慧。也就是教育爱要有良好的教育立场，根据教育学和心理学对人的发展规律的研究成果选择恰切的教育途径。在现实的教育中，教育爱要从爱学生出发，遵循应该怎么爱、避免怎么爱、需要什么样的物质和精神准备等的逻辑路线而迈向爱的旅程。

培养爱智统一的人。"人类发展的目的在于使人日臻完善；使他的人格丰富多彩，表达方式复杂多样，使他作为一个人，作为一个家庭和社会成员，作为一个公民和生产者、技术发明者和有创造性的理想家，来承担各种不同的责任。"[1]这是国际教育发展委员会对人类发展目的的设想，也是一群爱者兼智者对培养爱智统一的人的美好形象期待。通过教育爱，自然会孕育出有爱的情感和爱的能力的人。"如果一个孩子生活在批评之中，他就学会了谴责。如果一个孩子生活在敌意之中，他就学会了争斗……如果一个孩子生活在接受之中，他就学会了爱。如果一个孩

---

① 联合国教科文组织国际教育发展委员会.学会生存——教育世界的今天和明天[M].北京：教育科学出版社,1991.6."呈送报告"第2页.

子生活在认可之中,他就学会了自爱……如果一个孩子生活在安全之中,他就学会了相信自己和周围的人。如果一个孩子生活在友爱之中,他就学会了这世界是生活的好地方。"①那么,拥有被爱的幸福体验,生活在一个充满爱的环境,在关心、尊重、鼓励、支持、公正、负责的氛围中成长起来的人,必定是一个有爱且会爱,能"承担各种不同的责任"的人。这也是教育爱所结出的爱果。教育爱的智慧之处还在于它结出的另一颗智果。有了主体的智慧、策略的智慧,就会有学生的智慧。且不说著名的"皮格马利翁效应",就单单是这智慧的土壤,也不可能生长出愚笨者。智慧的人是有理想的人,这个理想无论是"作为一个家庭和社会成员,作为一个公民和生产者、技术发明者和有创造性的理想家"等,都会成为他人生的强大动力。智慧的人是会选择的人,能根据自己的智能结构发挥自己的个人优长。智慧的人是有意志力的人,会为了自己的目标坚定不移地走下去。这样的智慧之人,需要教育爱的培育和浇灌。

3. 教育爱的文化性

教育爱的教育品性还体现为一种文化性。这种文化性可在历史文化长河中寻觅,也在自由理性的制度文化中得到彰显。

历史文化:教育爱的理论资源。教育爱作为一种理念乃至实践,在教育发展的历史长河中源远流长。有许多卓越的教育家,都直接或间接地提出过许多有关教育爱的思想。他们的思想足以昭示教育爱是一种悠久的历史文化,可以为我们今天教育爱的实践提供足够的理论资源。首先,我们通过梳理来认识西方教育爱理念的提出和推进过程。② 16 世纪的孟登在其名著《儿童的教育》中提出了教育爱的理念,他认为教师如能严肃中带温和,让学习充满快乐,才是良好的学习情境。17 世纪教育家洛克十分赞成孟登的理念,他指出,除非必要,不要运用体罚,以理性的方式对待儿童,儿童也会学习成为理性之人。18 世纪著名的自然主义教育家卢

① [美国]珍尼特·沃斯,[新西兰]戈登·德莱顿.学习的革命——通向 21 世纪的个人护照 [M].顾瑞荣,陈标,许静译.上海:上海三联出版社,1998.76.

② 参阅张淑娟.图解教育学[M].台北市:易博士文化出版;家庭传媒城邦分公司发行,2006 [民 95].78.

梭也提出"爱儿童"的教育理念。18世纪末、19世纪初的瑞士教育家裴斯塔洛齐一生致力于贫民教育,他认为爱是教育的最大动力,有了爱,就有责任;有了责任,就会为教育而努力,教育爱是一种不求回报的付出。20世纪初德国教育家斯普朗格,则认为爱是教育的精神所在,应从师生关系为起点,推广至爱人群。教育只有透过无私、不求回报的爱才得以实现,而这种爱是发自教师的内心,是一种全心全意的付出,在教育关系中搭起师生之间的桥梁,使学生的潜能充分发挥出来。另外就是意大利作家亚米契斯所发表的《爱的教育》一书,讲述教师对学生的爱,也受到我国教育界的广泛推崇。在中国,孔子是全世界公认的伟大思想家和教育家,是中国教育史上第一个将毕生精力贡献给教育事业的伟大先哲。孔子的思想和言行处处闪烁着对教育事业、对学生爱的光芒。他的弟子问他对待工作的态度,他回答说:"爱之,能勿劳乎? 忠焉,能勿诲乎?"①这表明了孔子对事业的爱和忠诚。孔子对教育的卓越贡献还在于他的"有教无类"的思想和实践,他打破贫富贵贱和族群的界限,把人不分政治地位和经济地位的高低,也不分出身和先天资质的贤愚,都列为教育的对象。把受教育的范围扩大到了广大贫民,这是历史性的进步。孔子对自己的学生,也是关爱有加。例如"冉伯牛患了不治之症,他亲自探望,表示非常惋惜;颜回病逝,他哭得很伤心。"②孔子对其弟子生命价值的尊重和爱,也是对人的主体地位的尊重和爱,是孔子"仁者,爱人"思想在教育中的具体体现。陶行知是我国现代教育史上"伟大的人民教育家、教育思想家;伟大的民主主义战士,共产主义战士;伟大的爱国者"③。陶行知作为师从杜威的留洋学生,曾任大学教授,但当他看到占到平民总数80%以上的农民生活在缺少教育的农村时,毅然抛弃大学教授的优裕生活,奔赴乡村,担负起"使全中国人民都受到教育"的神圣职责。陶行知的教育爱超越于孔子之处在于他对女子教育的重视,陶行知认为女子也是人,应该有学习文化知识和生活技能的机会,应该独自谋求生活,

---

① 张玲,康凤琴编.论语·宪问[M].乌鲁木齐:新疆人民出版社,2006.105.

② 孙培青主编.中国教育史[M].上海:华东师范大学出版社,1992.84.

③ 曲铁华编著.中国教育发展史纲[M].长春:东北师范大学出版社,2006.451.

自立自强,改变被奴役的地位。为此,他提议南京高师准许女子旁听、招收女子特别生,还创办了女子育才学校。陶行知对儿童的关注和尊重,是他爱的思想中最精彩之处,如他提出儿童的"六大解放",即解放儿童的头脑、解放儿童的眼睛、解放儿童的双手、解放儿童的嘴、解放儿童的空间、解放儿童的时间。这"六大解放"体现了陶行知爱的深刻和智慧。在中国几千年教育爱的历史长河中,孔子和陶行知只是其中的代表。其他如"人皆可以为尧舜"的孟子,"兼相爱"的墨子,主张依儿童个性和心理施教的颜之推,抨击"科举之法,坏天人才"的黄宗羲,为劳工争取受教育权的李大钊等,共同形成了我国教育爱的一道历史文化风景线。

制度文化:教育爱的现实保障。爱作为一种教育价值追求,远远超越于教育爱主体的个人情感素质,是一种制度文明,是教育制度的一种性格和品质。更为主要的是,教育爱作为一种制度文化,才能在各种教育关系中充分体现出爱的价值精神。教育爱作为一种制度文化,首先表现为教育制度必须符合学生即受教育者的身心发展规律。人一生中不同的年龄发展阶段,在身心发展上都有不同的特点和规律,这就决定了教育必须根据学生的身心发展规律来进行。所以教育制度是理性把握客观规律的结果,人们把对规律的认识转化为教育制度规范,对人们的教育行为进行约束、指导和调节,才能达到促进人的身心发展的目的,才能体现教育对人的关心和负责。其次,教育爱作为一种制度文化,也表现为教育制度必须遵循教育的人道主义原则。"人道体现对人的关爱,其广泛性包括两个方面;一是指人道视野所及的对象范围,即对哪些人实行人道;另一方面指人道视野所及的人的需要层次,即人道包含对人的哪些需要的关注。"[①]反映在教育制度中,人道应体现尊重所有人的受教育权,保障所有受教育者受教育权利的实现。同时,教育制度应充分体现尊重个人全面发展的价值追求,尊重人的个性和主体性,尊重人的整体性和发展性。教育爱作为一种制度文化,还表现为教育制度必须遵守教育中的公正原则。

---

① 孙彩平.教育的伦理精神[M].太原:山西教育出版社,2004.146.

教育制度公正是教育包含大爱的表征,具体体现在两个方面:一是教育制度对人的公平对待,如就学机会、学业成就机会、教育效果等权利和机会的均等关照,特别是对弱势群体的关注;二是教育制度对优质教育资源的平均分配,如公共教育经费、教育场所、教育技术、教育信息、教师等资源的平均分配和均衡分布等。

二、教育爱的基本要素

对教育爱的认识和把握,关键在于对其基本要素的理解。教育爱的基本要素,是教育爱的具体表现形式。教育爱所具有的独特的教育品性决定了利他与公平是教育爱所不可缺少的核心要素。弗洛姆在其著作《爱的艺术》中谈到"所有形式的爱常常包含着共同的基本要素:关心、责任、尊重和了解。"[①]既然是所有形式的爱所包含的共同的基本要素,教育爱的基本要素同样应包含关心、责任、尊重和了解。笔者认为,了解应包括于关心和尊重之中,因为无了解即无关心和尊重,了解可以还原为关心或尊重;利他即是为他者负责,因此利他可以归类于弗洛姆所说的责任。根据简约性原则,可以说,教育爱的基本要素包括:关心、责任、尊重和公平。在教育的发展过程中,这几个要素的体现常常是彼此交叉和融合,在特定的社会环境中,其中的某一方面会成为主流。

(一)关心与教育中的关心

关心是人类社会普遍存在的一种品质,只要有人及人类活动的地方,关心就会或浓或淡、或多或少、或明或暗地存在于我们的周围。正是由于关心的存在,才使人间有了温暖和惬意,有了光明和动力。那么,究竟什么是关心呢?

1. 关心的含义

根据《现代汉语大词典》中的解释,关心是指:"(对人或事物)常放在心上;重视和爱护。例如,关心群众生活;这是咱们社里的大事,希望大家

---

① 埃里希·弗洛姆.爱的艺术[M].刘福堂译.合肥:安徽文艺出版社,1986.12.

多关点儿心。"①由此可见,"关心"在这里主要是重视和爱护之意。在英语中,一般用"caring"来表达"关心"的意蕴。内尔·诺丁斯在其著作中介绍了"caring"在通用英文词典中的解释,即一种"投注或全身心投入(engrossment)"的状态,"在精神上有某种责任感,对某事或某人抱有担心和牵挂感"。进而,诺丁斯引出了"caring"的两种含义:一是与责任感相似,如果一个人操心某事或感到自己应该为之做点什么,她就是在关心这件事;二是如果一个人对某人有所期望或关注,她就是在关心这个人。并且,诺丁斯指出,关心意味着对某事或某人负责,保护其利益、促进其发展。② 可见,诺丁斯所讲的关心更多关注的是关心中的责任感之义。德国哲学家马丁·海德格尔将关心描述为人类的一种存在形式。他认为,关心既是人对其他生命所表现的同情态度,也是人在做任何事情时严肃的考虑。关心是最深刻的渴望,是一瞬间的怜悯,是人世间所有的担心、忧患和苦痛。我们每时每刻都生活在关心之中,它是生命最真实的存在。③ 海德格尔更多是从对于人生命存在的重要价值和深远意义的角度来描述关心的。

事实上,关心的内涵极其复杂和丰富,不能从单维和平面的视角来理解关心。首先,关心不是盲目的,关心的前提是了解,是在充分了解关心对象基础上的思想和行为。正如没有无缘无故的爱与恨一样,也没有无缘无故的关心,只有在充分了解的基础上才能想对方之所想,急对方之所急,才是真正有意义的关心。其次,关心不是盲从,其中蕴含智能和理性的成分。真正有智慧的关心是为对方好,所以关心者一方面会保护被关心者的利益、促进其发展,另一方面会帮助被关心者进行价值判断和方向选择,矫正其不正确的、有碍于发展的选择。再次,关心也不是操纵和控制,不是将自己的思想和意志投射到对方身上,而是要接受对方,关心者

---

① 中国社会科学院语言研究所词典编辑室编.现代汉语词典(第5版)[Z].北京:商务印书馆,2005.501.

② 侯晶晶.关怀德育论[M].北京:人民教育出版社,2005.65.

③ [美]诺丁斯.学会关心:教育的另一种模式[M].于天龙译.北京:教育科学出版社,2003.23.

和被关心者之间的关系是如布贝尔所说的"我－你"关系,关心者将自己的思想和意见与被关心者进行交流和沟通,树立共同目标,与之共同努力。另外,关心者和被关心者的身份可以是个体,也可以是集体,如父母对子女的关心是个体对个体的关心,而党和国家对下一代的关心则是集体对集体的关心。

关心是爱的基本要素,这在母亲对孩子的爱中尤为明显,如果我们发现母亲对自己的孩子缺乏关心,不注意他的温饱,不及时对他进行教育和培养,那么说这个母亲爱孩子就显得非常苍白,也就没有人会相信这个母亲对孩子的爱。所以弗洛姆说:爱是对所爱对象的生命和成长的积极关心。[①] 没有关心也就不会有爱的存在,因为"爱的真正对立面不是恨,而是冷淡。恨尽管是恶,但毕竟视世人为'你',而冷淡却把人变成了'它'——物。所以,我们可以认为,实际上有一样东西比恶本身更坏,这就是对世人的漠不关心"[②]。同样,教育中的爱亦缺少不了关心,有关心的教育才是有爱的教育,也才是教育的本真所在。

2. 教育中的关心

教育中的关心不仅是教师对学生的关心,而且包括以政府为代表的所有利益主体和利益代理人,从教育的途径总体上关注并致力于改变所有人的生存状况。[③] 所以无论从宏观上还是从微观上来看,教育本身即是关心的直接体现。

首先,教师的关心与学生的全面发展。教师对学生的关心是教育活动展开的前提,也是学生全面发展的基础。在教育活动中,教师不仅是一个教育者,更是一个关心者。诺丁斯甚至认为关心是教师这个职业的基本特点。她认为一个人进入了教师职业,首先就是进入了一种关心关系。关心先于、重于做事与技能,这是教师职业与其他职业的最大区别。[④] 学生对于学习的积极性、主动性,一方面取决于所学课程的知识吸引力,另

---

① 埃里希·弗洛姆. 爱的艺术[M]. 刘福堂译. 合肥:安徽文艺出版社,1986.22.
② 弗莱彻. 境界伦理学[M]. 程立显译. 北京:社会科学出版社,1989.50.
③ 梁明伟. 教育关怀:新时期我国教育价值取向的转型[J]. 当代教育科学,2005(23):3－5.
④ 侯晶晶. 关怀德育论[M]. 北京:人民教育出版社,2005.106.

一方面取决于教师对学生的关心所产生的向师性。正是师生关系决定了学生对课程的学习热情,所以"一种关心的关系可以使孩子们对外部影响和课程知识产生接受性。"①教师对学生的关心就是对全体学生生命整体的关心,而不仅仅表现在对某个学生生命中某个成分的关心。在教育工作中,我们经常会遇到这样的情况:教师自认为十分关心学生的生命和成长,但学生却感受不到教师的关心,或者是埋怨教师关心得不够,关心得不好,这是因为教师的关心是残缺的、片面的关心,只关心了学生生命中的部分属性,不了解学生的所需所求,是一种一厢情愿的"强迫性"关心。教师关心学生,应该努力成为学生精神上的朋友,关注学生的精神成长、关心学生的心理需求、丰富学生的情感、锻炼学生的意志、维护和促进学生的身心健康、培养学生的创新精神和批判意识,进而提升学生的生命价值、形成健全的人格。

其次,政府的关心与教育的发展模式。从历史上看,世界各国的教育发展主要有三种模式:一是后行模式,即经济发展起来以后再去发展教育,教育发展后于经济发展或其他行业的发展;二是并行模式,即教育发展与经济发展同步进行;三是先行模式,即教育发展先于其他行业或经济发展的现有状态而超前或提前发展。教育发展模式的不同体现了国家对教育的关心和重视程度的不同,在政府行为上,先行模式体现着国家对教育的高度重视。中国教育的发展模式从教育后行逐步过渡到教育先行,充分体现了中国政府对教育发展的日益关心和重视。在改革开放之初,"经济要上、教育要让"的口号一度风行,所以我国奉行的是"一公交、二财贸、剩下多少是文教"的歧视教育的模式,这种以功利思想方法对待教育发展的结果导致了中国教育长期落后。直到邓小平突破了中国教育要等、要让的思维定式,率先提出了"教育先行"的思想,并在党的十二大、十三大、十四大上得到确认和落实,教育才由后位提到前位,由后行到先行,这既是教育发展模式的转变和飞跃,也是党和政府对教育关心的真正体现。政府作为社会资源的整合者和管理

---

① [美]诺丁斯.学会关心:教育的另一种模式[M].于天龙译.北京:教育科学出版社,2003.
51.

者,作为政策和制度的安排者和实施者,应该是教育关心最大的责任主体和义务主体,应该具有从经济和制度等诸方面向教育倾斜的主动意识,应该关注并致力于改变所有人的生存状态,进而提高整个社会的教育水平和文化素质。

教育本身即是关心的直接体现,也就是说关心体现在教育事业中的点点滴滴,如"为了避免青少年在危急关头做无谓牺牲,北京市教委对一项实施了15年的《中小学生守则》重新修订,删除了鼓励中小学生'敢于斗争'的内容"①。这一举措进一步体现了教育越来越人性化,越来越理性、智慧,关心学生的生命、幸福和尊严。

(二)责任与教育中的责任

责任也是爱的基本要素之一。如果没有责任,关心就没有着落,所谓的爱就显得特别虚假。有了责任的爱,才会让人觉得安稳可靠,才能令人沉醉其中。爱一个人或一项事业,不是要让他成为爱者的附属品,而是要使他更好地成为他自己。为爱的对象负责,这才是爱的真谛,也是爱的最美境界。教育爱是精神境界的爱,责任在教育爱中尤其不可或缺。

1. 责任的探究

从最通常的意义上看,责任和职责、义务、负责等同义。《现代汉语词典》中关于责任的解释主要有两种②:一是指分内应做的事,如尽责任;二是指没有做好分内应做的事,因而应当承担的过失,如追究责任。马克思和恩格斯曾经指出:"作为确定的人,现实的人,你就有规定,就有使命,就有任务。至于你是否意识到这一点,那都是无所谓的。"③可见,不管人们是否承认,每个生活在一定社会关系中的人都会承担相应的责任和义务,都会有应尽的职责和应负的责任。

---

① 冯建军.生命与教育[M].北京:人民教育出版社,2004.362.

② 中国社会科学院语言研究所词典编辑室编.现代汉语词典(第5版)[Z].北京:商务印书馆,2005.1702.

③ 卡·马克思,弗·恩格斯.马克思恩格斯全集(第三卷)[M].中共中央马克思恩格斯列宁斯大林著作编译局译.北京:人民出版社.1960.329.

责任与社会生活的许多方面息息相关,也是许多学科共同研究的对象,因此责任可有政治责任、经济责任、文化责任、民族责任、社会责任、道德责任、法律责任等多种类型。在当代伦理学体系中,责任是一个关键性的范畴。"责任伦理"概念最早是由马克斯·韦伯提出的:"责任伦理是指从政者必须具备切实的热情、超越虚荣的责任感及与人和事保持一段距离的判断力,对自己行为可预见的后果承担责任。"①德裔美籍学者约纳斯拓宽了责任伦理的时空,要求我们不仅要对我们周围的人负责,还要考虑对整个人类的责任和义务,特别是他提出了对未来人类的尊重和责任。

作为教育爱的基本要素,责任有更为深远的意蕴。法国著名伦理哲学家勒维纳斯"为他者负责"的伦理思想为我们认识责任开辟了全新的视角:"我理解的责任就是对他者的责任,即对不是我的事情甚至是与我无关的事情负责任……只要别人看到我的那一刻起,我就对他负有责任……不需要我从哪里接受责任,而是责任成为我的义务。这种责任感超越了我所做的事情。通常人们为自己的所作所为承担责任……而我说的是……责任的本源含义就是'为他人'的。"②从中我们可以领悟到,真正的责任不是"要我负责",而是"我要负责",也就是一种"主观责任",是"植根于我们自己的忠诚、良知、认同的信仰"③。所以库柏将责任区分为主观责任和客观责任,强调主观责任的自主性,与勒维纳斯对责任的理解相得益彰,对我们思考教育中的责任具有重要的启示意义。

综合上述分析,我们认为责任具有以下一些特性。首先是责任的精神性,也就是具有"我要负责"的精神追求,并且不要求有任何物质上的回报。当然承担责任之后可能会带来一定的荣誉或物质上的好处,如一个人为他者负责,履行了一定的义务,就会有一种心安理得的心理状态,甚至会产生一种自豪感,这就是一种回报,但是这一回报是精神性的回

---

① [德]韦伯.学术与政治[M].冯克利译.北京:生活·读书·新知三联书店,1998.95.

② 孙庆斌.勒维纳斯:为他人的伦理诉求[M].哈尔滨:黑龙江大学出版社,2009.183-184.

③ [美]库柏.行政伦理学:实现行政责任的途径[M].张秀琴译.北京:中国人民大学出版社,2001.74.

报。正如康德所说:"责任啊! 这庄严伟大的名字! 你丝毫不取媚人,丝毫不奉承人,而只是要求人的服从,可是你并不拿使人望而生畏的东西威胁人,以便感动人的意志,你只是提出一条法则,而那条法则就自然进入人心,……而且在这个法则之前,一切好恶不论如何暗事抵制,也都得默默无语。"①其次是责任的自觉性。责任具有一定的主观性,所以是责任主体自觉意识到的行为。责任具有主体自觉意识的特点,可以通过比较它与规范的不同得到说明。责任与规范都是对社会存在或者说是社会关系存在的主观反映,但对个体而言,规范是外在和相对客观的范畴,它就像贴在墙上的东西,是一种客观存在,责任则是对规范的体悟与把握的结果,因此具有主观性和自觉性。第三,责任的意志性,这是由责任的利他性所决定的。为他者负责,意味着努力、奉献甚至牺牲某些既得利益,所以责任要求责任主体要有理性、智慧和自制的品质。理性是主体意识到责任所在,不为冲动所左右;智慧是主体对如何履行责任的明确把握;自制是能够为了履行责任而付出很大努力,甚至做出牺牲。所以责任需要意志力的参与,但这种意志力是发自内心的主观意志,而不带有强迫或勉强的特征。

2. 教育中的责任

人们常用"十年树木,百年树人"来形容教育事业的艰巨及其教育效果的滞后性,从中可见教育不但是一项惠及他人的事业,而且是一项泽被后代的事业。教育事业的艰巨性、长效性,决定了教育事业的发展和完善需要更多的责任。教育中的责任实际上是各层次教育主体的教育精神、教育自觉、教育意志在各种教育活动中的体现,我们主要分析以下三个方面:教育研究中的责任、教育决策中的责任、教育实践中的责任。

教育研究中的责任。教育研究是研究者、决策者主动探索教育规律、发现教育问题、提出教育策略的认识活动。教育研究对教育发展具有重要的推动和决策咨询价值,因此教育研究中的责任主要表现为研究的创新性与独立性,也就是能够追求真理、实事求是、坚持科学严谨的学术立

---

① 陈嘉明. 建构与范导[M]. 北京:社会科学文献出版社,1992. 263

场。首先,教育研究是一个提出问题的过程。提出的必须是一个对过去具有诊断性、对现实具有指导性、对未来具有预测性的真问题。提出一个具有独立性、创新性的真问题就是对教育负责的表现,反之,在教育研究领域存在的从众做法、趋炎附势,造成研究中的媚俗和奴性,是对教育责任的严重背离。教育研究也是一个分析问题和解决问题的过程。研究中的科学、严谨、认真负责的态度非常重要,这既是对自己的研究成果负责,更是对教育改革和教育发展负责。当前学术研究中存在大量的"假冒伪劣",以及各种"学术腐败"现象,教育研究的科学性和严谨性在这种恶流中难以自保。教育研究如不能为教育发展提供思索和参考,那么丢掉的不仅是研究者的责任,研究本身的意义也不复存在。

教育决策中的责任。教育决策可分为宏观决策和微观决策,教育决策中的责任主要涉及谁来负责、为谁负责以及负什么样的责任等问题。谁来负责,也就是决策者在教育决策中,能够铭记"人生于天地之间,各有责任。知责任者,大丈夫之始也;行责任者,大丈夫之终也;自放弃其责任者,则是自放弃其所以为人之具也"①,因此能够具有责任意识,不推卸责任,勇于承担责任,具有危机感和使命感,把教育当成一回事,把受教育者当成一回事,真正承担起所应承担的责任和义务。为谁负责,在教育的决策中,其实是不言自明的,但在教育中也存在大量的为了经济利益、政治利益而牺牲教育利益,视教育对象的发展为儿戏的不科学、不理性的决策,因此"一切为了孩子,为了一切孩子,为了孩子一切"始终是教育决策中所应信守的第一原则。负什么样的责任,是教育决策的科学性、合理性问题,科学合理的教育决策应是体现教育发展的规律、遵循学生身心发展的规律,一方面能够促进教育事业科学发展,一方面能够促使学生身心愉悦地接受教育。

教育实践中的责任。教育实践中的责任更多的体现于教师的教育教学实践中,所以我们着重分析实践中教师的责任。"教师不单只要对课堂教学加以反省,更重要的是把视野超越课堂,从整体社会——历史脉络

———

① 梁启超. 梁启超选集[M]. 上海:上海人民出版社,1984.128.

去反省本身教学工作,以至整体教育建制。这种教师教育取向,把教师视为一个知识分子,他/她不单只具备专业知识,更应具备知识分子的一份使命感,一份对下一代福祉的关怀,一份对所处社会制度公义的关注,一份对人类未来命运的关心。"①具体说来,实践中教师的责任要求教师具有坚定的教育信念,能够深刻认识和自觉履行教育责任;能够本着教育精神去教育学生,尊重学生的个体性和差异性,让学生的人格在爱的沐浴中健康健全地发展。

(三)尊重与教育中的尊重

教育爱蕴含着关心、责任,同时也离不开尊重。假如没有尊重,那么责任就会蜕变成为控制、支配、占有,就会因没有节制而扭曲、变态。如果我们将关心看作教育爱的躯体,那么尊重与责任则是教育爱的两翼,智慧如德里达甚至也说"尊重和责任这两大概念齐头并进,并执拗地彼此呼应"②。

尊重是我们每一个人都非常熟悉的一个词语,在日常生活中,"请尊重我"是我们在很多时候脱口而出的话语,"尊重自己、尊重他人"是得到大家普遍共识的处世箴言,"尊重生命、尊重自然"则成为主流文化群体越来越强烈的呼声。那么,究竟什么是尊重?在教育活动中,尊重又体现在哪些方面呢?

1. 什么是尊重

抛开具体的语言环境,我们来看"尊重",会发现无论是"尊"还是"重"或者是"尊"与"重"两字连用,都会使我们沉静下来,以一种不再傲慢与浮躁的心态对待周围的人和事。在《辞海》中,"尊"③的解释有6种,其中地位或辈分高、尊重、尊奉、尊长、称呼对方及其有关人物的敬语等几

---

① 曾荣光.香港教育政策分析:社会学的视域[M].香港:三联书店(香港)有限公司,1998.
61-62.

② [法]雅克·德里达.《友爱的政治学》及其他[M].胡继华等译.长春:吉林人民出版社,
2006.334.

③ 辞海编辑委员会编.辞海(1999年版缩印本)[Z].上海:上海辞书出版社,2002.2300.

种解释对我们理解"尊重"有所帮助;《辞海》中关于"重"①的解释则多达12 种,其中庄重、端重、崇尚、看重等解释对我们理解"尊重"有益。"尊重"作为一个词并用,在《现代汉语词典》中给出了三种解释②:一是尊敬、敬重,如互相尊重;二是重视并严肃对待,如尊重历史;三是指行为庄重,如请放尊重些。在大多数情况下,我们使用的是第一种和第二种解释中的尊重,也就是尊敬、敬重或重视。

罗宾·狄龙(Robin S. Dillon)为《斯坦福哲学百科辞典》所写的"尊重"(respect)条目为我们理解尊重开辟了全新的视野,他认为,"一般而言,尊重是主体和客体之间的一种关系。在这种关系中,主体从某种角度,以某种适当的方式对客体做出回应"③。结合尊重的尊敬或重视之意,我们认为,主体对客体的这种"回应"也就是一种真诚的承认与认可,包括欣赏、赞美、肯定、支持、高度评价等。所以说,尊重并不是害怕或畏惧,而是不凌驾于他人之上,承认他人的尊严并视其为不可侵犯;是主体对客体成长和发展规律的认可,能够按其本来面目或独特个性实现其合理目的。由此我们可从以下四个方面进一步探讨尊重的意义:首先,尊重意味着关注或注意对方,想方设法了解对方的境遇、要求、发展方向等,并予以认真地考虑,因此从这个意义上说,尊重与漠视、歧视无缘。其次,尊重不是出于自然本能或者条件反射,其中包含着理性支配的成分,也就是不存在没有原则的尊重,尊重的对象必然具备某种内涵或者性状而值得人们予以尊重,可以正常地要求人们给予应有的尊重。再次,尊重与轻蔑、藐视相对,是对尊重对象的高度评价或认可,如贾谊在《过秦论》中有"尊贤而重士"之说,在此的"贤"与"士"就是高度的评价与认可,是获得尊重的理由。最后,尊重常常是与"以礼相待"联系在一起的,也就是对一个对象的尊重具体表现为不去做于对象有损的事,而去做有益于对象的事情,如谋福利、馈赠、倾听、同意、服从等,这也就是所谓的"行为举止

---

① 辞海编辑委员会编.辞海(1999 年版缩印本)[Z].上海:上海辞书出版社,2002.2235.

② 中国社会科学院语言研究所词典编辑室.现代汉语词典(第5 版)[Z].北京:商务印书馆,2005.1824.

③ 周治华.伦理学视域中的尊重[M].上海:上海人民出版社,2009.25.

或待人接物的方式,在他们表明尊重态度的意义上说,就是最典型意义的尊重。"①

尊重的力量是强大的,她可能并不是刻意而为,也不需要主体付出更多的努力,但却可以产生改变对象命运的力量。下面的资料是网络上的一则小故事②,读后足以让我们对"尊重"产生更深层的尊重。

在美国,一个颇有名望的富商在散步时,遇到一个瘦弱的摆地摊卖旧书的年轻人,他缩着身子在寒风中啃着发霉的面包。富商怜悯地将8美元塞到年轻人手中,头也不回地走了。没走多远,富商忽又返回,从地摊上捡了两本旧书,并说:"对不起,我忘了取书。其实,您和我一样也是商人!"两年后,富商应邀参加一个慈善募捐会时,一位年轻书商紧握着他的手,感激地说:"我一直以为我这一生只有摆摊乞讨的命运,直到你亲口对我说,我和你一样都是商人,这才使我树立了自尊和自信,从而创造了今天的业绩……"不难想象,没有那一句尊重鼓励的话,这位富商当初即使给年轻人再多钱,年轻人也断不会出现人生的巨变,这就是尊重的力量啊!

2. 教育中的尊重

我国是一个倡导师道尊严的国家,尊师重道一直是一项优良传统,所以尊重教师已成为大家的普遍共识。但是我们所讨论的尊重是教育爱的核心要素,尊重的对象是学生,尊重教师固然重要,但不是我们研究的重点。"以人为主体,以尊重的对象为客体,可以对尊重进行简单的分类,即尊重自然,尊重他人,尊重自我",③其中尊重他人又包含尊重他人的权利、尊重他人的空间、尊重他人的人格等。对于教育中的尊重,则是对教育对象的权利、空间、人格等的全面支持与呵护。

尊重与教育目的。不同的国家在不同的历史时期教育目的是不同的,它随着社会的发展而不断发生着演变。在我国古代的夏商周时期,学

---

① 西季威克.伦理学方法[M].廖申白译.北京:中国社会科学出版社,1997.351.

② 无名氏.尊重的力量[EB/OL].http://baike.baidu.com/view/43004.htm,2012-01-19.

③ 王澍,柳海民.论尊重与"尊重的教育"[J].东北师范大学学报(哲学社会科学版),2009(3):1-7.

校教育的目的"皆所以明人伦也"①。到了儒家思想占统治地位的封建社会,教育目的在于培养"建国君民"②的统治人才,"在明明德,在亲民,在止于至善"③,在于"格物、致知、诚意、正心、修身、齐家、治国、平天下"④。中国近代社会则规定教育的宗旨为"忠君、尊孔、尚公、尚武、尚实"⑤;经过新中国成立后的不断探索,我国社会主义的教育目的最终被确定为"培养德智体美全面发展的社会主义建设者和接班人"。通过以上的梳理,我们可以发现,在不同的教育形态中,教育目的是不同的,但大体上可分为两种:一种是把教育对象当作政治统治或经济发展的工具的教育目的,另一种则是促进教育对象全面发展的教育目的。教育是培养人的活动,这是教育质的规定性,因此培养人应该是教育的唯一目的和最高目的,也是尊重在教育中的最好体现。反之,教育目的如果是为培养统治阶级所需要的统治人才,教育对象就成为政治的工具;如果是为培养经济发展所需要的劳动力,教育对象则又成为经济的工具。无论是政治工具还是经济工具,都是缺乏对教育对象尊重的表现,教育对象的人格与尊严也就无迹可寻。

尊重与教育内容。教育目的是教育活动的出发点和最终归宿,其间教育内容是最重要的媒介。教育内容中的尊重主要体现在教育内容的选择是否符合学生的身心发展规律和特点。"教育内容是学生学习的基本材料和扩大知识领域的重要基础。"⑥因此,选择符合学生身心发展规律和特点的教育内容可以大大提高学生的学习质量,加快学生对知识的掌握速度,也是尊重学生个体的重要表现。我国古代用以三字经、百家姓、千字文为代表的蒙养教材来对学生进行"明人伦"的教育,就是考虑到了儿童身心发展的特点,也体现了对学生最朴素的尊重。"而记得上高中的时候,我们花费大量时间研究身体的各个系统。

① 朱熹. 四书集注[M]. 长沙:岳麓书社,2004.285.

② 傅任敢.《学记》译述[M]. 上海:上海教育出版社,1982.5.

③ 朱熹. 四书集注[M]. 长沙:岳麓书社,2004.5.

④ 朱熹. 四书集注[M]. 长沙:岳麓书社,2004.6.

⑤ 孙培青主编. 中国教育史[M]. 上海:华东师范大学出版社,1992.582.

⑥ 柳海民. 教育原理[M]. 长春:东北师范大学出版社,2006.335.

我们记各种骨头和皮肤的名字,了解消化系统的组成部分等等。然而,我们从来没有讨论过那些事实上真正困扰青少年的事情:肤色、体重、体型、姗姗来迟的例假、不请自来的勃起,还有莫名其妙的消沉等等。"①以上"花费大量时间研究的"知识是老师及教育行政人员强加给学生的,而"我们从来没有讨论过的"事情才是学生渴望了解的。可见"花费大量时间研究的"的教育内容中不仅仅缺乏对学生成长的关心,还缺乏对学生需要的尊重。

尊重与教育过程。教育过程是一个内容比较庞杂的概念,我们这里只讨论教师与学生共同学习和生活过程中尊重的缺失与体现,具体可从尊重学生人格和尊重学生创造两个侧面谈起。教育学中关于师生关系的界定主要有三种:一是以教师为中心的"我-他"关系,二是以儿童为中心的儿童绝对"自由"的师生关系,三是布贝尔所主张的师生之间对话式的"我-你"关系。以教师为中心的"我-他"关系已被认定为是对学生不尊重的表现,因为学生作为有独立人格的个体,在教育过程中具有主体性,是教育过程中学的主体,而"我-他"型的师生关系以教师为中心,是对学生的操纵和控制,谈不上对学生应有的尊重。以儿童为中心的儿童绝对"自由",又使对学生的尊重沦为了放纵,犯了矫枉过正的错误。只有师生之间对话式的"我——你"关系,才将学生看作是具有独立人格的个体,既不控制也不放纵,而是给予了应有的尊重。师生之间的"我——你"关系体现在教学过程中,就是对学生创造性的尊重。如果在语文教育中"写景,只能借景抒情;写物,只能是托物咏志;写事,只能写有'意义'的事;写人,只能写'心灵美'的人……"②,这种按照老师固有的思维模式去塑造学生的做法,抹杀了学生的个性,只能培养千人一面的学生,学生的创造也就无从谈起,更谈不上对学生创造潜能开发的尊敬与重视。

---

① [美]诺丁斯.学会关心:教育的另一种模式[M].于天龙译.北京:教育科学出版社,2003.66.

② 李镇西.民主与教育——一个中学教师对民主教育的思考[M].广西:漓江出版社,2007.143.

（四）公平与教育中的公平

有了关心、责任和尊重，也就有了普遍意义上的爱。但是教育爱作为教育工作者的爱、教育事业中的爱和具有教育性质的爱，仅有关心、责任和尊重是不够的，还必须有另一个基本要素，即是公平。关于教育公平和教育中的公平问题，是近年来学界所关注的热点，本书无意跻身于教育热点问题的研究，只是教育作为一项社会公益性事业，一项建基于尊重基础上的对下一代关心、负责的事业，公平问题始终是教育爱所无法绕开的难结。教育爱中若没有了公平的存在，那就与父母对孩子的偏爱、溺爱无异，根本谈不上理性和智慧。柏拉图在《会饮篇》中的一段话也印证了公平之于爱的巨大作用："爱神所具有的力量不仅多样而且巨大，简直可以说巨大无比；不过，只有当爱神以其明智和公正扶助好的事物，才在我们和神们之间显出其最大的力量。为我们带来种种福分：不仅能让我们彼此之间，也能让我们与比我们强大的神们和睦相处，充满情谊"。① 因此教育爱必然蕴含着公平，哪里有偏私、偏袒和偏见，哪里就没有教育性的爱，教育的良性运行和学生的幸福人生也就不复存在。

1. 公平的辨识

在辨析公平的概念之前，我们先来识别与公平一词意义相近，甚至常常被人们混淆使用的几个词语，那就是公正、正义与平等。首先让我们来看汉语中最具权威的辞书之一《辞海》中关于这几个词语的解释：

公平②，作为一种道德要求和品质，指按照一定的社会标准（法律、道德、政策等）、正当的秩序合理地待人处事。是制度、系统、重要活动的重要道德性质。美国伦理学家罗尔斯（John Rawls，1921 - ）认为，在正义的概念中，公平是最基本、最重要的概念。

公正③，社会、道德范畴和道德品质之一。指从一定原则和准则出发对人们行为和作用所做的相应评价；也指一种平等的社会状况，即按同一原则和标准对待相同情况的人和事。

---

① 转引自金生鈜. 规训与教化[M]. 北京：教育科学出版社，2004. 363.

② 辞海编辑委员会编. 辞海（1999 年版缩印本）[Z]. 上海：上海辞书出版社，2002. 542.

③ 辞海编辑委员会编. 辞海（1999 年版缩印本）[Z]. 上海：上海辞书出版社，2002. 543.

正义①，①公正的；公正的道理。②指语言文字上恰当、正确的含义。③符合一定政治和道德准则的行为。

平等②，作为政治概念，在不同的历史时期，有不同的含义。……马克思列宁主义认为，只有消灭阶级和阶级差别，才能实现真正的实质的平等。

从《辞海》中对这几个词语的解释可以看出，公平与公正、正义的含义最为接近，平等也与公平、公正、正义在辞源上有直接或间接的联系。正如有研究者所指出："正义也好，公平也好，公正也好，平等也好，从它们诞生的久远年代起，其语源学含义就是多义的、交叉的，现代人越是想辨别它们的微妙的差异，反而越难以把它们严格区分开。因此，不少人把它们当作同义词使用。"③所以，本文以公平为教育爱的基本要素展开叙述，为行文的方便或语言的变换，有时也将公正、正义作为与公平大体相同的概念予以研究。

研究表明，公平一词最早是在道德和法律范畴中使用，后来逐渐扩大到社会生产生活的各个领域，现已在经济、政治、教育、社会等各个范畴广泛使用。由于人们研究公平的利益需要不同、研究视角和研究层面不同，所以对公平的概念理解也就不同。如伦理学中的公平关注的是对社会成员之间各种权利及利益的分配是否合理，经济学中的公平关注的是处理社会经济生活中的各种利益关系所遵循的合理原则，社会学中的公正涉及城乡关系、社会各阶层、各群体的利益关系等。④ 因此，公平是一个关于人与人之间的权利、利益分配状况的判断，体现了人们之间利益关系的比较，如果"处理事情合情合理，不偏袒哪一方面"⑤，则可谓之公平。至于什么是"合情合理"，又是一个价值判断标准问题，我们常听到"公说公有理，婆说婆有理"，这就是没有统一的判断标准的缘故。所以公

---

① 辞海编辑委员会编.辞海(1999年版缩印本)[Z].上海:上海辞书出版社,2002.2176.

② 辞海编辑委员会编.辞海(1999年版缩印本)[Z].上海:上海辞书出版社,2002.1289.

③ 郭志鹏.公平与效率新论[M].北京:解放军出版社,2001.8.

④ 朱永坤.教育政策公平性研究[D].[博士学位论文].长春:东北师范大学,2008.42.

⑤ 中国社会科学院语言研究所词典编辑室.现代汉语词典(第5版)[M].北京:商务印书馆,2005.473.

平必须有一个客观的、历史的标准,据此标准可以判断出什么是"合情合理",也可评判出什么是公平,什么是不公平。尽管不同的历史时期、不同的利益群体对公平的判断标准可能不同,但也有一定的共识。在一般意义上说,大家"共同承认下述最低限度的原则:同样的情况应当同样地对待——或者,使用平等的语言来说:平等的应当平等地对待,不平等的应当不平等地对待"①。所以平等是利益分配的原则,按平等原则分配的就是公平,否则就是不公平。这也进一步印证了公平概念和平等是密不可分的。

2. 教育中的公平

教育作为社会公益事业,公平是其应有之义。随着社会的发展,提供给受教育者的教育机会有所扩大,基本能够满足让大多数人接受教育的要求,但是由于优质教育资源的短缺,让所有人接受相对平等的教育成为摆在国家和政府面前的难题。由于教育资源配置的不均衡和不公平,导致了教育的城乡差别、地区差别、校际差别以及初等、中等、高等三级教育之间的差别,以至于有人认为"教育不公是最大的社会不公"②。

要调整和解决教育发展中的非均衡和不公平问题,需要党和国家领导人、各级政府的教育工作者对于此问题的高度重视,以及对于全体受教育者、特别是弱势群体的平等关注。法律条文、制度规范、道德约束,都可能促进教育公平问题的解决,但这一切都要以教育爱为基石才能取得深远、持久的效果。无论是国家通过法律法规的制订确保每个成员享有同等的受教育权利,还是政府通过调整教育资源的配置为每个公民提供相对均等的教育条件,其中都蕴含着国家、政府对未来一代均等的、无差别的爱,都是在爱的理念指导下的爱的行动。只有在爱的基础上的公平和均衡才经得起实践和历史的考验,才能在各种阻力和困难面前毫不退缩,勇往直前。也只有教育爱的博大和宽广,才能"让所有人都接受教育"与

① [美]汤姆·L.彼彻姆.哲学的伦理学——道德哲学引论[M].雷克勤等译.北京:中国社会科学出版社,1990.330-331.

② 维扬书生.教育不公是最大的社会不公[EB/OL].http://www.scol.com.cn/,2011-01-18.

"让所有人接受相对平等的教育"不仅是一种理想,而且在不断追求中将逐渐成为一种现实。

"在现代社会,教育公正不只是教师行为的伦理规则,而且是整个教育的基本伦理原则。它规范的不应只是教师,而是涉及整个教育领域,尤其是教育制度和教育过程。"①的确,教育中的公平体现在教育制度、教育过程、教育政策、教育法规、教育管理等教育的各个层面。但是,正如爱可以表现为道德又超越于道德一样,教育中的公平可以归属于教育的基本伦理原则,但又不能把其仅仅放入教育伦理的范畴。当我们把公平作为教育伦理原则要求教育工作者时,我们实际上使公平蜕化成一个空洞的说教性的伦理概念,而任何说教对于生发教育工作者公平理念、从而产生公平的行动都是无力的。只有将公平作为教育爱的基本要素,才能与人类终极关怀、心灵需要具有根本的联系,才能使教育达到既真又善且美的境界。既然教育中的公平体现于教育的诸多层面,本文的重点不是一一详述,我们拟从宏观和微观两个方面择其要者而论之。

宏观:教育政策的公平。教育政策是国家政府或政党制定的关于教育的各种"发展战略""方针""规划""纲领""决议""法"等,其中包含着对教育利益的权威性分配,分配得是否正当、合理,是否平等地考虑了各方面的利益,就是公平问题,所以教育政策的公平关键是政策内容的公平。正如公平可以表述为"处理事情合情合理,不偏袒哪一方面"一样,教育政策的公平就是对教育利益分配的"合情合理"。关于教育利益分配的"合情合理",李慧在其《教育公平与教育效率关系再探》一文中给出了精要的阐释。"所谓合'情',是指符合民众的意愿;所谓合'理',是指符合教育的目的及社会发展的规律。是否符合民意,决定教育公平的实施是否具有稳定的精神价值;是否符合目的性、规律性,决定教育公平的实施是否具有发展的价值"。② 在教育政策中,反映公平最为普遍和突出的问题包括:受教育权利机会保障政策、教育投入政策和教育资源供给与配置政策等几个方面。中国古代形成的"有教无类"的观念,可以看作是

---

① 王本陆.教育崇善论[M].广州:广东教育出版社,2001.131 – 132.

② 李慧.教育公平与教育效率关系再探[J].教育与经济,2000(3):22—24.

受教育权利机会保障政策公平的最初萌芽。《中华人民共和国教育法》第九条亦规定："中华人民共和国公民有受教育的权利和义务。公民不分民族、种族、性别、职业、财产状况、宗教信仰等,依法享有平等的受教育机会。"教育政策公平是教育政策优越性的表现,也是政府和政党层面教育爱的体现。但是,我国现今教育中也有一些政策没有体现公平,特别是在有关城乡、区域差别等方面,这在以后的章节中我们会有所涉猎。

微观:教学过程的公平。教学过程的主体为教师和学生,所以教学过程的公平主要表现为教师公正平等地对待每一个学生。在教学过程中,教师掌握着大量有形或无形的教育资源,所以教师是教学过程这一微观教育领域内资源的分配者,实践证明教师是否公平已成为学生评判教师的重要尺度。檀传宝教授认为,教师对学生的公平应做到以下几个方面:"第一,平等地对待学生;第二,爱无差等,一视同仁;第三,实事求是,赏罚分明;第四,长善救失,因材施教;第五,面向全体,点面结合。"[①]其中第一、第二方面指出了教师应平等地对待学生,第三、第四、第五方面则要求教师因材施教,针对不同的学生采取不同的教育方法。教师对学生的公平,不仅体现在教师分配有形的教育资源如提问、讲解、奖惩等方面,也体现在教师在对待学生的态度和期望等无形的教育资源分配上。如果说教育爱中的关心、责任、尊重对教师来说还比较容易做到的话,那么公平对于教师来说则不仅是师德的规范,更是师者精神和师者能力的考验。

综上,我们考证了教育的基本要素:关心、责任、尊重与公平。实际上,关心、责任、尊重和公平是相互依存的,只有在成熟的爱中才能找到这四者交融的形态;教育爱是这四者的交融,因此在教育实践中这四者也不是孤立的,而是彼此交叉和融合,共同促进教育的发展,共同营造学生的幸福。

---

① 檀传宝.教师伦理学专题:教育伦理范畴研究[M].北京:北京师范大学出版社,2000.72.

三、教育爱的独特价值

教育爱是丰富的教育理念,是理性与智慧教育行为的源头活水。教育爱的深刻内涵和其独特的教育品性,决定了其在教育发展中具有不可估量的意义和价值。教育爱的独特价值主要体现为以下两个方面的内容。

(一)实现人与社会的协调发展

促进人的发展与促进社会的发展,分别是教育的本体功能和社会功能。从理论上讲,二者并不矛盾。但在实践中,由于物质化和功利性的追求,教育促进人的发展的功能往往被遮蔽,甚至沦为社会发展的工具。正如有学者指出:"被重视的只是教育的工具价值,被提高的只是教育的工具性作用,被看好的只是教育所带来的经济效益及个人社会地位的提升。除此之外,教育便没有了立足之地,没有了任何发言权,没有了理论的依据。"①教育爱是人性之爱,事业之爱,但归根结底是对教育对象的爱。也就是一切关于教育的决策、组织和实施都以教育对象为出发点和最终归宿,一切为了教育对象,为了一切教育对象,为了教育对象的一切。教育爱对于教育对象——"人"的关注和尊重,一方面凸显了教育的育人功能,另一方面避免了教育的工具化倾向。

同时,在实践中通过教育促进人与社会的协调发展并不矛盾,教育爱是实现二者协调的基本保证。因为人是社会的基本构成要素,也是促进社会发展的决定力量。对教育对象的爱,也即是对祖国未来、民族兴衰、事业发达的爱。促进所有教育对象的全面、协调、可持续发展,也即是为促进社会的发展提供人力资源。置言之,教育爱促进人的发展,人的发展进而促进社会的发展。因此,培养人的教育和促进社会发展的教育不仅在理论上是相通的,在实践上也是相融的,融合的基本保证即是具有教育品性的爱。有了教育爱,我们的教育就能很好地摆脱因个人发展与社会

---

① 郝德永.课程与文化:一个后现代的检视[M].北京:教育科学出版社,2002.265.

发展之间的矛盾所带来的种种困惑,以及在促进社会发展中影响社会发展,在为了儿童的过程中伤害儿童的种种难题,教育的独立地位和终极意义也就能够得到彰显。

教育爱使教育优先发展成为可能,教育爱在追求人的身心和谐发展的同时承认和肯定其对社会政治、经济、文化等多方面的作用。因此,教育爱的价值不仅仅在教育的内部,也在于其对教育、人、社会等诸多领域的发展均具有重要的意义和价值。

(二)发挥教育潜能的动力源泉

马克思主义者认为,生产力包括三个要素:劳动者、劳动工具、劳动对象。那么,在微观的学校教育中,决定教育生产力高低的要素则包含教师的业务水平、教育条件与教育手段、教育对象;除此之外,还有一个非常重要的要素即是教师的教育爱。因为工人的劳动对象是机器,农民的劳动对象是土地,而教师的劳动对象则是人,是对未成年人的灵魂塑造,是为学生一生的成长负责。而人不仅是理性的动物,人也是爱的动物,马斯洛把爱的需要列为人的第三层次需要,归属为"缺失性"需要,即认为爱是人不可缺少的需要。因此,教育爱在教育生产力当中起着不可或缺的重要作用,是教育生产力的构成要素,是发挥教育潜能的动力源泉。

教育爱的动力作用在教育理论研究中早有发现,最著名的当属美国心理学家罗森塔尔(R. Rosenthal)和雅各布森(L. F. Jacobson)在1968年进行的所谓"预测未来与发展"的实验,实验证实了教师对学生的爱、鼓励和重视对增强学生上进心,出色完成学习任务的奇妙作用。这个实验由于和古希腊神话中的雕刻师皮格马利翁的故事相似,所以又被称为"皮格马利翁效应"。无数实践也证明,仅仅依靠教师高超的教学水平、现代化的教学手段,不足以取得良好的教育效果,爱才是决定教育成功与否的重要因素。教育不仅是"传道、授业、解惑"的过程,也是师生情感交流与心灵碰撞的过程。笔者在与吉林师范大学附属中学原副校长刘业富的访谈中,刘副校长也谈到了这一点,即学生的学习成绩与师生的和谐程度成正比,班级、学生个体和任课教师的关系对学生成绩有很大影响,教师的情感投入比教学水平对学生成绩产生更大的影响。也就是说,教育爱的付出,能够打破教师与学生之间的心灵壁垒,建立起相互对话的关系世界,形成融洽、和谐的教育氛围。所以,教师对学生真诚、持久、普遍的爱和期待,会激起学生对教师的尊敬、爱戴、感激和信任,产生我们常常所说的向师性。这种向师性会发挥巨大的教育潜能,使学生在爱的沐浴下主动地向真、向善、向美。这也正如学者王逢贤先生所说:"受教育者也只有在这种情况下,才能自觉地、愉快地接受教育,甚至会超过教育要求,创造性地接受教育。这就是教育爱的真正教育价值所在。"①

---

① 王逢贤.爱的教育、陶冶教育新探[J].东北师范大学学报(文科版),1980(2):79－82.

第四章 教育中爱的缺失现状审视

瑞士教育家爱伦·凯（Ellen Key）有感于 19 世纪教育爱的缺失及教育对儿童的折磨和摧残，在其著作《儿童的世纪》中曾预言"20 世纪是儿童的世纪"。然而反观 20 世纪的教育，并非"儿童的世纪"，满足政治、经济、军事等方面的需要是 20 世纪各国教育改革的首要目标，教育成了社会的工具，以至于满足"儿童发展的需要几乎成为一种奢侈品"①，教育爱也几乎成为一种奢侈品。没有爱的世界，是贫乏的世界；没有爱的生活，是贫乏的生活；没有爱的教育，则是一种贫乏的教育。中国作为教育大国，从 1978 年恢复高考起，经过近 40 多年的教育改革历程，取得了可观的成绩，如已基本普及义务教育，实现义务教育的全面免费；高等教育实现大众化，在学总规模居世界第一；教学过程中师生渐趋对话和平等，提倡学生创新和个性的培养等。但同时，我国教育中也存在着许多不足和隐忧，这正如狄更斯在其著作《双城记》中的描述："那是最好的岁月，也是最坏的岁月；那是智慧的年代，也是愚蠢的年代；那是信仰的新纪元，也是怀疑的新纪元。"②我国当代教育中同样是成绩与问题并存，热情与冷漠同在，教育中爱的缺失现状已成为全体学生全面发展的桎梏，学生的生命质量使人忧虑，教育的精神样态发人深省。

正视现实，反思存在的问题，才能让爱与教育更好地结合，才能"让爱的雨露从教育的精神与行动中流出，充溢我们的教育生活，滋润每一颗心灵，也滋润我们共同生活的世界"③。为了行文的方便，我们的审视从宏观和微观两个层面展开。宏观层面的内容主要侧重于教育的宏观设计

① 陆有铨. 躁动的百年——20 世纪的教育历程[M]. 济南：山东教育出版社，1997. 916.

② [英]狄更斯. 双城记[M]. 何湘红译. 广州：广州出版社，2006. 1.

③ 金生鈜. 规训与教化[M]. 北京：教育科学出版社，2004. 366.

与决策,其行为主体为代表国家和各级政府意志的宏观教育问题的决策者;微观层面的爱与教育分离问题,主要侧重于学校中的教育组织实施层面,其行为主体主要为学校中的校长和教师。当然,宏观和微观视域中的有些问题很难进行绝对区分,因此这里只是一种相对意义的划分。

一、宏观视域中爱的缺失现状审视

关于宏观视域中爱与教育的分离问题,我们主要从我国现行的教育目的、教育体制、教育制度、教育实践等层面进行分析。

(一)教育目的中爱的缺憾

教育目的在教育活动中居于主导地位,对整个教育活动具有定向的作用,是教育活动的总纲领,因此我们把对教育目的的分析作为审视和思考的起点。由于教育目的是人们对教育活动结果的一种预期,所以不同的主体对教育目的认识和表述也不尽相同,分别代表着不同的利益和愿望,如国家以政策或法令形式提出的教育目的、学者从学理角度提出的教育目的、教育活动中师生实际的教育目的等,我们这里主要是从学理的角度分析我国现行的以政策或法令形式颁布的教育目的。

柳海民教授在其著作《教育原理》中指出了教育目的与教育方针的关系:"教育方针可能是独立的,也可能一肩二任,方针中包含着教育目的,发挥着教育方针和教育目的的双重作用。而且,在更多的情况下,方针与目的通用,两者融为一体。"[①]另外,教育目标"亦称'教育目的'"[②],所以我国的教育目的是通过教育方针、教育目标表现出来的。下面,我们就通过对改革开放以来我国教育目的、教育目标的梳理,来明确认识我国现行教育目的及其提出过程。

1985 年 5 月 27 日,中共中央发布《关于教育体制改革的决定》指出:"教育体制改革的根本目的是提高民族素质,多出人才,出好人才。""所

---

① 柳海民.教育原理[M].长春:东北师范大学出版社,2006.291.
② 教育大辞典编纂委员会编.教育大辞典(第1卷)[M].上海:上海教育出版社,1990.60.

有这些人才,都应该有理想、有道德、有文化、有纪律,热爱社会主义祖国和社会主义事业,具有为国家富强和人民富裕而艰苦奋斗的献身精神,都应该不断追求新知,具有实事求是、独立思考、勇于创造的科学精神。"

1993年2月13日,中共中央和国务院印发的《中国教育改革和发展纲要》,提出了20世纪90年代我国教育改革和发展的目标、方针、政策和措施。该文件指出:"教育改革和发展的根本目的是提高民族素质,多出人才,出好人才。各级各类学校要认真贯彻'教育必须为社会主义现代化服务,必须与生产劳动相结合,培养德、智、体全面发展的建设者和接班人'的方针,努力使教育质量在90年代上一个新台阶。"

1995年3月18日,第八届全国人民代表大会第三次会议通过了《中华人民共和国教育法》,其中对《中国教育改革和发展纲要》提出的教育方针进一步确认,重新表述为:"教育必须为社会主义现代化建设服务,必须与生产劳动相结合,培养德、智、体等方面全面发展的社会主义事业的建设者和接班人。"这也是我国对教育目的最权威的表述。

2002年党的十六大报告《全面建设小康社会,开创中国特色社会主义事业新局面》中指出:"全面贯彻党的教育方针,坚持教育为社会主义现代化建设服务、为人民服务,与生产劳动和社会实践相结合,培养德智体美全面发展的社会主义建设者和接班人"。

2010年,中共中央和国务院印发的《国家中长期教育改革和发展规划纲要(2010-2020年)》,再次重申要"全面贯彻党的教育方针,坚持教育为社会主义现代化建设服务,为人民服务,与生产劳动和社会实践相结合,培养德智体美全面发展的社会主义建设者和接班人"。

至此,我国现行的教育目的及其提出过程已一目了然。不可否认,在现行教育目的指导下,我国教育取得了跨越式发展,也为我国的社会主义现代化建设做出了卓越贡献。并且,国家以政策法令形式颁布的教育目的,也的确应该反映国家意志,体现国家的利益和要求。但是从学理的角度分析我国的教育目的,我们还是不得不说,我国上述不同时期所制定出的教育目的,不能充分体现教育当中的重要精神质素:对学生的爱。

首先,我们来寻找教育目的中的关心。教育的本质属性是人的培养,教育目的应体现对受教育者的成长和生活的全面关注和关怀,但我国的教育目的把社会主义现代化建设作为发展教育的要旨,"并不是'为了教育和受教育者的发展的目的'(purpose for education),更不是教育本身的目的(aims of education),而是国家政府或政党通过教育实现的教育之外的目的(purpose by education)"。① 此目的实际上是经济的目的("建设者")、政治的目的("接班人"),而不是教育的目的("幸福的人"),教育目的中对经济和政治的关心大于对受教育者的关心,教育成了经济发展、政治安定的工具。

再来探寻教育目的中的责任。教育目的中强调的是"培养德智体美全面发展的社会主义建设者和接班人","德智体美全面发展",本是对受教育者负责的提法,但加上"社会主义建设者和接班人",则使这种负责由为学生负责变成为社会主义建设和发展负责。因此,本应具有个性和发展自由的受教育者,成为有待加工的教育对象;本应是幸福的受教育者,却被当作"人力资本",被塑造成"螺丝钉"。所以,这种未充分考虑为受教育者负责的教育目的,是难以与受教育者的个人人生追求相契合的。

当然,我们也发现,从 21 世纪开始,在对教育目的的阐述中由单单"为社会主义现代化建设服务",转向"为社会主义现代化建设服务,为人民服务",这是一个可喜的变化,因为其中的"为人民服务"从一定程度上体现了对"人"的尊重。但是这其中对"人"的尊重也是以国家利益为价值取向的,也即是"一个人只因为是那个集团的成员才会得到尊重,并且他只是从他作为该集团的成员的资格中获得他的全部尊严"②。因此,教育目的在由"为社会主义现代化建设服务",向同时"为人民服务"的转变中,如能进一步"为每个受教育者服务",则会大大显示出对学生的尊重,充分体现出对学生的爱。

虽然,教育目的不可能微观到体现出教育是否公平,但是,教育的本质特性是人的培养,而在涉及教育发展方向的教育目的中,对经济和政治的关心大于对受教育者的关心,没有明显显示出对学生负责,也谈不上对

---

① 孙彩平.教育的伦理精神[M].太原:山西教育出版社,2004.239.
② 转引自孙彩平.教育的伦理精神[M].太原:山西教育出版社,2004.242-243.

学生独立性、个性、创造性的尊重,那也就是对受教育者最大的不公。

综上所述,我国现行教育目的中存在的遗憾就是缺乏对每个学生个体的爱与尊重。教育中为学生定制统一的"配送餐",学生吃不到营养丰富、个性独具的"自助餐";学生没有选择的权力和自由,只是被塑造的对象。"在教育目的的决定方面,个人不具有任何的价值;个人不过是教育的原料;个人不能成为教育的目的"。[①] 教育目的中虽然也提出了"德智体美全面发展"的培养规格,但由于其明显的国家主义、功利主义、工具主义倾向,则使这种"全面发展"并不一定能够满足学生个人发展的独特需求。当然,这种功利主义的教育目的并不是我们国家所独有,而是大多数国家的通行做法,20世纪伟大的诗人艾略特道出了现代教育的功利性与工具性。"个人要求更多的教育,不是为了智慧,而是为了维持下去,国家要求更多的教育,是为了要胜过其他国家,一个阶层要求更多的教育,是为了要胜过其他阶层,或者至少不被其他阶层所胜过。因此,教育一方面同技术相联系,另一方面同国家地位的提高相联系……要不是教育意味着更多的金钱,或更大的支配人的权力或更高的社会地位,或至少一份稳当而体面的工作,那么费心获得教育的人便会寥寥无几了。"[②]艾略特对现代教育的评论可谓一针见血,使我们感同身受。那么,本身蕴含丰富意义与价值的教育为何失去它本真的宗旨和目的?其中,爱与教育的疏离,教育爱的缺乏恐怕难辞其咎。

(二)教育体制中爱的遗落

关于教育体制,《教育大辞典》中有比较权威的解释,"指教育事业的机构设置和管理权限划分的制度。主要是教育内部的领导制度、组织机构、职责范围及其相互关系,涉及教育事业管理权限的划分、人员的任用和对教育事业发展的规划与实施,也涉及教育结构各个部分的比例关系和组合方式"[③]。从20世纪80年代中期开始,我国教育体制中存在的制约整个教育良性发展的问题受到了人们的普遍关注和重视,并随之进行

①　转引自吴俊升.教育哲学大纲[M].福州:福建教育出版社,2011.189.

②　艾略特.艾略特诗学文集[M].王恩衷编译.北京:国际文化出版公司,1989.204.

③　教育大辞典编纂委员会编.教育大辞典(第1卷)[M].上海:上海教育出版社,1990.23.

了一系列的教育体制改革。教育体制改革主要表现在政府和主管部门如何规划、引导、管理、评价教育等方面,包括管理体制、办学体制、投入体制、评价体制等的改革。教育管理体制是一个国家管理教育的基本方式与制度,是教育体制改革中的最为重要的组成部分,也是制约教育改革与发展成功与否的重要因素。另外,教育投资体制的问题主要体现在教育管理体制上,教育投资体制的改革与教育管理体制的改革是一体的。教育体制中爱的遗落问题在教育管理体制和教育投资体制中都有比较集中的体现,也是社会舆论关注的热点。

下面,我们对 20 世纪 80 年代以来关于教育体制改革的标志性决策进行梳理,从而认识我国教育管理体制的历史演进过程(见表 1)。

表 1 教育管理体制的演进过程

时　间	标志性决策	教育管理体制的主要内容
1985 年	《中共中央关于教育体制改革的决定》	"把发展基础教育的责任交给地方,有步骤地实行九年义务教育。""实行基础教育由地方负责、分级管理的原则,是发展我国教育事业、改革我国教育体制的基础一环。"
1993 年	《中国教育改革和发展纲要》	"深化中等以下教育体制改革,继续完善分级办学、分级管理的体制。中等及中等以下教育,由地方政府在中央大政方针的指导下,实行统筹和管理。"对于高等院校,"由对学校的直接行政管理,转变为运用立法、拨款、规划、信息服务、政策指导和必要的行政手段,进行宏观管理"。
1998 年	《国务院关于调整撤并部门所属学校管理体制的决定》	"原机械工业部等九部门所属学校也要通过共建、合并、合作、调整等方式,进行管理体制的调整。93 所普通高校原则上都实行中央与地方共建,以地方管理为主。72 所成人高等学校,除几所由中央财政负担的管理干部学院原则上就地并入普通高等学校或改制为培训教育机构外,其余由企事业单位举办的成人高等学校一律划转地方管理。46 所中等专业学校和技工学校划转地方管理。"

续表

时　间	标志性决策	教育管理体制的主要内容
2001 年	《国务院关于基础教育改革与发展的决定》	"完善农村义务教育管理体制,推进农村义务教育持续健康发展";"实行在国务院领导下,由地方政府负责、分级管理、以县为主"的体制。
2010 年	《国家中长期教育改革和发展规划纲要(2010—2020年)》	"中央政府统一领导和管理国家教育事业,制定发展规划、方针政策和基本标准,优化学科专业、类型、层次结构和区域布局。整体部署教育改革试验,统筹区域协调发展。地方政府负责落实国家方针政策,开展教育改革试验,根据职责分工负责区域内教育改革、发展和稳定。"

　　从以上的列表比照可以看出,改革开放以来,中国教育为适应经济社会发展需要,与时俱进地进行了教育体制改革的不懈探索。在教育管理体制方面,基础教育管理权强调"省级统筹,以县为主",高等教育的管理权在一定程度上被下放。虽然随着教育体制改革的不断深入,教育管理体制逐渐科学和规范,但其中的缺陷和弊端以至教育爱的遗落仍然不同程度地存在。

　　首先,教育管理体制中最大的弊端是责任和权利的两相分离,特别是没有充分体现中央政府对教育的责任和义务。如教育管理体制中明确了县级政府是发展农村义务教育的主体,却没有赋予县级政府以其相应的权利。事实是国家借助于颁发基本学制、制定课程标准、学校人员编制标准、教师资格和教职工基本工资标准、实施教育评价等路径掌握了农村义务教育发展的绝对权利。结果是中央政府保持全国教育的控制权,而与这些权利相对应的义务,特别是对基础教育投入的义务却下放到了地方。这种权利和责任的两相分离,导致了教育特别是义务无法取得预期的成果。如"以县为主"教育管理体制实施后,人们对其的形象描述可谓一针见血:"中央转移支付,省市基本不付,县里牢骚满腹,乡镇如释重负"①。

---

　　① 刘欣.由教育政策走向教育公平——我国基础教育政策的公平机制研究[D]:[博士学位论文].武汉:华中师范大学,2008.74.

在这种情况下,县级政府除了"牢骚满腹"外只有两种选择,或者是将责任转嫁给农民和学生,通过乱收费来弥补教育经费的不足;或者是逃避责任,任由教育自我发展。可是无论上述哪种选择,对教育造成的损失都是严重的,对学龄儿童造成的伤害也是难以弥补的。"教育作为一项基本人权,仍应明确成为所有政府的优先之事,成为所有国家的社会各界的关心之事。"①而在我国,中央和省级政府掌握了主要财力,但这两级政府长期以来对农村义务教育的投入比例偏低,而将义务教育经费筹措的主要责任推给财政薄弱的县乡级政府,这是强势政府的责任缺失,是对弱势政府的极大不公,也是对教育爱之不深、关怀不够的表现。基于此,有教育界的学者提出了"以省为主"②甚至"以国为主"③进行义务教育经费统筹的体制。

其次,教育投资体制中将政府的投资责任集中在地方政府,而没有考虑到广大中、西部地区与东部地区地方政府的财政能力差异,这也对中西部地区造成了一种隐性的不公。自从《中国教育改革与发展纲要》中提出了高等学校的毕业生由过去的"统包统分"逐步走向"自主择业""双向选择",全国范围内的人才流动已成为一个不争的事实,特别是由于地区间经济发展的不平衡,毕业生在"人往高处走"的观念统摄下,争先恐后地涌向东南沿海地区。这就造成各地方财政负责人才资源的培养和开发,但培养出来的人才却不能为本地方所用,特别是不能为贫困地区所用的局面,这也就"意味着很多不发达地区在为发达地区作嫁衣,这是让穷人借给富人钱"④,其不公平不合理性显而易见。在这种不公平不合理的教育管理体制面前,谈教育爱显得有些苍白,其中或许也有爱,但并不是具有理性和智慧的教育之爱。关于高等教育的管理体制,经过改革开放30年的不断探索和改革,基本建立了"中央和省级政府两级管理、以省级

---

① 赵中建主译.全球教育发展的历史轨迹——国际教育大会 60 年建议书[M].北京:教育科学出版社,1999.序.

② 范先佐.构建"以省为主"的农村义务教育财政体制[J].华中师范大学学报(人文社科版),2006(2):113 - 118.

③ 李爱良.农村义务教育管理体制的困难与变革[J].教育发展研究,2006(5A):48 - 51.

④ 孙彩平.教育的伦理精神[M].太原:山西教育出版社,2004.258.

政府管理为主"和"高等学校面向社会依法自主办学"的管理体制。但在这种管理体制中,仍然存在着政府对高校的管理手段比较直接,管得过细以及内外部的管理工作行政色彩过于浓厚等问题。这些问题导致了真正有利于创新的大学制度没有建立,也反映了爱在高等教育管理体制中的缺位和错位。

当然,2005 年 11 月 28 日,温家宝总理在联合国教科文组织第五届全民教育高层会议上的致辞中向世界庄严宣布:"中国将用两年时间在农村全面免除义务教育阶段的学杂费。"①中国免费义务教育的序幕由此拉开,这让我们看到了我国从"人民教育人民办"向"办好教育为人民"转变的曙光。《国家中长期教育改革和发展规划纲要(2010—2020 年)》提出"健全统筹有力、权责明确的教育管理体制",让我们对教育爱在教育体制中的落实充满了期待,但愿此《规划纲要》在落实中能为教育爱找到良好的注脚,而不是"规划规划,墙上挂挂" ②!

(三)教育政策中爱的疏离

教育政策是公共政策的重要组成部分,教育政策的制定和实施反映了党和国家的教育愿望和要求,是党和国家关于教育的政治措施。由于教育资源的有限性,教育政策往往面临使谁受益使谁受损的抉择,因此教育政策关涉到教育利益,关涉到把教育利益分配给谁,政策使谁受益的问题。教育政策就像一面镜子,真实地记录着一定历史时期不同阶级、不同团队所受教育的基本情况,反映了党和国家对于教育的价值选择,体现了教育爱的实现程度和范围。

综观我国当前的教育政策,许多政策存在着城市化偏向、精英化偏向、行政中心与仓促出台等与教育爱相疏离的现象。

1. 教育政策的城市化偏向

中国城乡二元结构的存在,构成了我国一系列政治、经济政策"城市

---

① 改革开放 30 年中国教育改革与发展课题组. 教育大国的崛起:1978 - 2008[M]. 北京:教育科学出版社,2008. 85.

② 李斌. 规划规划,墙上挂挂? 教育界人士提醒——《纲要》落实要避免虎头蛇尾[N]. 中国青年报,2010 - 3 - 26(6).

中心"价值取向生成的基础。作为教育爱的重要载体——教育政策,在城乡二元结构与特定户籍政策的影响下,也与其本真意义相疏离,失去了其公正性和普适性,体现出明显的城市化偏向。《中共中央、国务院关于普及小学教育若干问题的决定》(1980 年 12 月 3 日)中规定:"普及教育,涉及学制问题。中小学学制,准备逐步改为十二年制。今后一段时期,小学学制可以五年制与六年制并存,城市小学可以先试行六年制,农村小学学制暂时不动。"这是国家从政策角度对城市和农村学制提出不同的标准和要求,对于广大农村学龄儿童来说,感觉上无疑是一种"没妈的孩子像根草,温暖哪里找?"再如 1993 年中共中央、国务院颁发的《中国教育改革和发展纲要》规定:"全国基本普及九年义务教育(包括初中阶段的职业技术教育);大城市市区和沿海经济发达地区积极普及高中阶段教育。大中城市基本满足幼儿接受教育的要求,广大农村积极发展学前一年教育。"《中国教育改革和发展纲要》是对我国 20 世纪 90 年代教育改革和发展的愿景描述,其中的城乡区别对待、城市为先在此又一次得到肯定和确认。

课程政策,是具体化了的教育政策,也是教育政策的反映和支持,它是通过教学计划、教学大纲、教科书等载体来传达和体现的。新中国成立以来,我国先后开展了八次规模较大的课程改革,纵观这些课程改革政策,虽然较前次都有了很大变化,也给课程领域带来许多生机和活力,但其实质还是国家统一、城市为主的课程政策。如《基础教育课程改革纲要(试行)》(2001 年)规定"从小学至高中设置综合实践活动并作为必修课程,其内容主要包括:信息技术教育、研究性学习、社区服务与社会实践以及劳动技术教育",并且规定"小学中高年级开设外语课"。对于现阶段我国农村中小学生来说,设置综合实践活动课程虽谈不上奢侈,也只是一种摆设;特别是信息技术教育、研究性学习、社会服务等内容,明显与农村中小学的现状不相符合。信息技术教育所需要的计算机,研究性学习所需要的图书、网络,以及社会服务的对象、范围等,在农村中小学都很难一一落实。至于开设外语课,也因受到师资、设备、环境等的限制,而从一开始就落后于城市学生。来自德国的小伙子刘泽思的心声值得所有教育政策的制定者们深思:"我们吃的是农民的粮食,住的是农民盖的楼,为什么不能保证他们的公平?""没有金融家,我们可以活下去。但是没有农民,谁能活得下去呢?他们才是国家的根本"。[①]

2.教育政策的精英化偏向

教育政策的精英化偏向意指国家通过制定相关教育政策,集中现有教育资源,给部分学生提供优质教育,以便又快又好地培养社会所需要的各类优秀人才。在我国,这类培养精英的教育场所是重点学校。重点学校政策具有明显的精英化偏向,即在教育资源相对稀缺的状况下,将公共教育资源向重点学校倾向,对重点学校的师资配备、经费投入、教学条件等做出许多倾斜性的规定。重点学校的政策虽然使部分学校提高了教育质量,使部分学生受益;但也不可避免地扩大了校际间在资源配置和教育质量上的差距,影响了教育政策的公平,凸显了教育政策对"精英"以外"大众"的关心、责任与尊重的缺失。我国的重点学校政策开始于20世纪50年代,范围不仅涉及基础教育,还有高等教育。具体的政策文件可以追溯如下:

《关于有重点地办好一些中学和师范学校的意见》(1952年6月);

《关于有重点地办好一批全日制中小学校的通知》(1962年12月);

《关于办好一批重点中小学试行方案》(1978年1月);

《关于分期分批办好重点中学的决定》(1980年10月);

《中共中央、国务院关于普及小学教育若干问题的决定》(1980年12月);

《教育部关于进一步提高普通中学教育质量的几点意见》(1983年8月);

还有20世纪90年代,国家教委决定在全国评估验收1000所左右示范高中,进一步延续了重点校政策,表明了重点校政策已全面覆盖基础教育阶段。

---

① 原春琳.一个德国人眼里的中国高考[N].中国青年报,2010-1-6(6).

在基础教育领域的重点校政策方兴未艾之时,高等教育的重点校政策又异军突起,来势汹汹,主要体现在创建"211 工程"和"985 工程"高校的相关政策。"211 工程"和"985 工程"提出的背景是为了迎接世界新技术革命的挑战,办出若干所世界一流的大学。"211 工程"的政策文件主要是《中国教育改革和发展纲要》和国务院批转国家教委《关于改革和积极发展普通高等教育的意见》,其中提出面向 21 世纪集中各方面力量办好 100 所左右重点大学和一批重点学科。"985 工程"发端于 1998 年 5 月 4 日,江泽民在庆祝北京大学建校一百周年的讲话中,提出建设"若干所具有世界先进水平的一流大学"的要求和奋斗目标;同年,12 月 24 日,教育部发布《面向 21 世纪教育振兴行动计划》,决定支持部分高等学校创建具有世界先进水平的一流大学和一批一流学科。1999 年,"985 工程"正式启动。重点学校政策把学校分成三六九等,不同等级的学校给予不同的待遇,不同等级的学校决定学生不同的命运,这大大挫伤了部分"普通"学校的办学积极性,损害了大多数"普通"学龄人的利益,侵犯了所谓"差生"的平等受教育权,这是政府教育责任的缺失,也与教育爱的构成要素——公平相悖。

3. 教育政策的行政中心与有关政策的仓促出台

随着教育改革的深入和教育理念的更新,我国教育政策的出台,已逐渐转向制度化和法制化,实现科学化与民主化。但仍有一些政策表现出以政府为中心,教育政策活动的核心利益相关者(特别是受教育者)缺席的状况,许多教育政策在没有充分调查论证的情况下仓促出台。如众所周知的高校扩招政策,是在没有教育部门参与的情况下,由国务院参考某些经济界人士"扩大内需、拉动消费"的言论后,所做出的仓促决策。高校扩招虽然使我国快速迈进了"高等教育大众化"阶段,但也随之出现了优质教育资源短缺、高等教育质量滑坡、贫困大学生增多、大学生就业困难等一系列的问题,这些问题损害了受教育者的利益,使教育之爱成了一种错爱。再看 2011 年 8 月国务院学位委员会出台的《关于开展"服务国家特殊需求人才培养项目"——学士学位授予单位开展培养硕士专业学位研究生试点工作的通知》(学位[2011]54 号),这个通知精神虽然对于当时尚没有硕士点的高校来说是一次提升办学层次的绝佳机会,但从政策出台到落实到实施不到三个月时间,即 2011 年 10 月中旬,全国就有 50 多家高校具有了硕士专业学位研究生的培养权。用有些高校教师的话来说:"就像做梦一样,一觉醒来,学校就有硕士点了!"可是,这样出台的政策,是服务国家特殊需求的需要,还是基于政绩工程或其他别的需要恐怕就很难定论。最主要的是,对于广大考生来说,这些"一觉醒来"申请成功的硕士点,真的能使学生成为"特殊需求人才"吗?! 恐怕这项政策承载的也只能是一种"说也说不清楚"的"爱"!

(四)教育实践中爱的消隐

以上关于教育目的、教育体制、教育政策层面的分析,可以归属于教育的宏观设计,教育实践则主要是对教育设计的具体实施。教育是一种实践活动,教育的最大意义也在于其实践性,教育实践按其主体不同可分为宏观和微观两个层面,包括从国家或政府这一教育主体而言的宏观教育实施和从学校、教师这一主体而言的学校管理与教学活动等微观的教育实施。我们这里分析宏观视域中的爱与教育分离问题,所以主要谈的是国家或政府这一层面的教育实践中爱的消隐情况。

1. 尴尬的教育投资

教育事业的发展,必须有充足的经费予以支持,教育投资是教育事业发展最根本的物质保证,教育经费如同教育事业的血液一样,支撑着教育活动的全方位开展。我国教育中出现的许多问题,归根结底都是国家教育投入不足而引起的。是否愿意为教育投资,是衡量一个国家和政府对教育的根本态度,也是国家和政府是否具有教育爱的重要参照系。关于我国政府对教育投入的相关政策,当属最著名的"4%",即"国家财政性教育经费支出占国民生产总值的比例在 20 世纪末达到 4%"。北京师范大学首都教育经济研究院王善迈教授介绍了"4% 的由来"①。

---

① 王善迈. 4% 的由来[N]. 中国教育报,2008 - 12 - 19(5).

4%的由来

当年,作为"教育经费占国民生产总值合理比例研究"重大课题研究组的成员,我亲身经历了政府对公共教育投入占 GDP4% 的重大决策出台的前前后后。

1983 年,当时的中央政治局下达了一个任务,要求研究政府教育经费在国民生产总值中占多大比例比较合适;在大力发展教育、教育经费短缺的情况下,政府教育投入应该是多少才算合理。所以才有了这样一个课题。当时我们专家组做过一个表态:教育部、财政部和国家计委提出的观点我们都不采纳,作为专家,我们希望给出研究的客观结果。

我们主要使用联合国教科文组织的统计数据。当时中国的经济水平相当于 1955 年的苏联和第一次世界大战前美国的水平。这个经济水平不好比,通过数学方法,能够找到同一个水平的来予以衡量。当时选择了 39 个国家,其中 15 个社会主义国家,然后建立数据库,用模型计算出来,得出结论。

调研成果以三种形式体现。一是报给中央,包括中央政治局、人大常委会副委员长。由我起草一个一千字的报告,说明调研方法和基本情况。二是报教育部、财政部和国家计委。三是将研究成果最后形成一本书。

根据邓小平讲的 2000 年中国人均 GDP 达到 800 美元到 1000 美元的标准,我们按照当时人民币与美元的实际汇率来换算,再给出一个公式来计算,最后得出的结论是:中国政府的教育支出应占 GDP 的 3.87%。这个结论提交后,全国人大很重视,有关部委包括教育部、国家计委的负责人都专门听取了研究报告。

后来经过上下反复研究,许多部门共商,中央政治局决定,提出国家财政性教育支出占国民生产总值的比例到 2000 年末达到 4%,并将这一决定最终写入了《中国教育改革和发展纲要》。

这就是在中国教育史乃至在中国公共财政决策史上都非常著名的教育经费占 GDP4% 的由来。

国家财政性教育经费支出占国民生产总值的比重,是一项在国际上通用的衡量一个国家教育投入水平的指标,也是被社会各界公认的检验国家对教育重视程度的象征性指标。我国 1993 年《中国教育改革和发展纲要》中定的"4%"的目标,2000 年没有实现,直到 2010 年还是没有实现,《国家中长期教育改革和发展规划纲要(2010—2020 年)》中将这一目标定于 2012 年实现。可是,"超过 10 年没有达到目标,有什么理由相信下面这个纲要能有效"①。不过到 2012 年真的实现了,可是正如"狼来了"一样,大多数人已丧失了应有的热情和企盼。在过去的十几年间,国家财政能力不断提高,但教育支出不但没有随着财政能力的提高而提高,反而下降了,这应该是"4%"没有实现的症结所在②。而在这期间,政府行政支出不断增加,办公大楼拔地而起,新旧公车不断更替,轨道交通、高速铁路等动辄万亿的"慷慨"投资,唯独"4%"成为无法企及的目标,也成为国人心中永远的痛。根据教育部财务司、《中国统计年鉴 2009》及国家统计局公布的数据计算,从 2000 年到 2009 年 10 年间,以 4% 的比例为目标,则国家财政性教育经费支出 10 年累计"欠账"已达 16843 亿元。③ 一个农民因为爱,可以节衣缩食供养子女上学;政府的教育投资却多年不能实现预期的目标,这是对下一代关心、责任、尊重与公平的缺失,也即是教育爱的消隐。截至 2017 年,"国家财政性教育经费支出占 GDP6% 比例连续六年保持在 4% 以上",这是一个令人欣喜的信号,但是距离世界平均水平的 7%,还是任重道远,距离发达国家达到的 9% 也是短时间内无法实现的目标。

2. 不平等的受教育机会

《中华人民共和国教育法》第 9 条规定:"中华人民共和国公民有受教育的权利和义务。公民不分民族、种族、性别、职业、财产状况、宗教信

---

① 李斌. 规划规划,墙上挂挂? 教育界人士提醒——《纲要》落实要避免虎头蛇尾[N]. 中国青年报,2010 – 3 – 26(6).

② 据教育部 1995 – 2000 年《全国教育事业统计公报》,从 1995 年到 2000 年,我国财政支出占 GDP 的比例分别为 11.67% 和 17.76%,提高了 6 个百分点;而同期预算内教育经费占财政支出的比例却分别为 16.02% 和 13.08%,下降了近 3 个百分点.

③ 张璐晶. 教育经费占 GDP4% 目标 18 年未实现 欠账超 1.6 万亿[EB/OL]. http://news. qq. com/a/20110308/000026. htm, 2011 – 03 – 8.

仰等,依法享有平等的受教育机会。"相对于其他的教育政策法规,教育法应该是地位最高,强制力和约束力更大的法规,但是消隐了爱的教育,教育法也无能为力。在教育实践中,受教育机会不平等现象仍然大量存在。如"进城务工人员子女"的教育问题,在全国各个城市都有存在。虽然自从20世纪90年代中期以来,国家出台了一系列政策保证"进城务工人员子女"的受教育机会,但"进城务工人员子女"至今仍面临着上学难、上学贵,受户籍和原有教育背景的影响而不能享有平等的参与机会等问题。这些问题不是一所学校和一个城市能解决的,而是需要政府将"进城务工人员子女"享有平等的受教育机会作为"爱"的工程,有计划、有组织地层层落实,在实施中督促、检查、推进。另外,在我国现行教育体制下,义务教育和高等教育都有比较完备的免费政策或补助措施,也得到了具体的落实。可是处于义务教育和高等教育之间的农村高中教育阶段,却存在一个庞大并有待充分关注的贫困生群体。对于不少农村家庭而言,供养孩子上高中成了家庭中无法承受之重。中国教育报2010年2月7日以《农村高中生有多少因贫搁浅的梦》①为题报道了"纳纳的'正常'生活""文家的心事""欧阳紫一的逃离"等几个高中贫困生就学难的真实案例,读起来使人心酸!当城市高中生在各个重点高中之间奔走择校之时,还有这样一群农村高中生因为贫困而搁浅上学的梦,这再度昭示了政府教育爱的消隐。虽然不能把所有的受教育机会不平等都归咎于政府,但如果政府对教育多一点关心和责任、多一份尊重和公平,的确会使更多的学龄人享有平等的受教育机会。

3. 沉重的学习负担

"减负"是一个在现代汉语词典中无法找到的词,但却是当前中国教育界最为流行的词汇,其含义也就是"减轻中小学生课业负担"。为了减轻中小学生课业负担,党和国家几代领导人都发表过重要讲话,中央教育行政部门也先后发出过几十个减负文件,结果却是收效甚微。沉重的学习负担损害了学生的身心健康,业已成为许多中小学生难以承受之重,身

---

① 柯进.农村高中生有多少因贫搁浅的梦[N].中国教育报,2010 - 2 - 7(3).

负重压的学生有些在负重前行,有些因承受不住而发生了自杀、弑父、弑母等人间惨剧。客观地看,"减负"的主要障碍在于高考、中考制度,以及惨烈的升学竞争。因此,许多人将学习负担过重的罪魁祸首归之于老师或学校为应付考试和升学而"超时""超量"。其实,学习负担过重问题不是单一因素造成的,其真正的源头应该是课程设置、课程标准、教科书"超标""超纲"等原因。"北京一位知名小学的校长认为,现行教学内容偏多、偏难,教与学都很吃力,教材的跳跃性产生的空白,使得无论是由教师教,还是由学生学来填补,负担都很重",并且"高中一年级新课改全年使用的教材竟有 62 本之多"。[①] 而决定着课程设置、课程标准和教科书价值取向的是教育行政部门,一方面在语言上高唱减负的旋律,一方面在行动上任"偏多、偏难"的教学内容流行,由于教育爱的消隐,学生的境遇实难改变。据《中国青年报》载,"某民间学术团体强烈批评我国中小学语文教材存在四大缺失:经典的缺失、儿童视角的缺失、快乐的缺失和事实的缺失。有人甚至提出,目前教材内容对孩子成长比三聚氰胺毒奶粉还要有害……"。[②] 可见,有识之士对现行教材的批评之声非常强烈,已经从批教材的"量"上升到批教材的"质"。可是无论教材的什么地方出了问题,受伤的总是学生。

二、微观视域中爱的缺失现状审视

微观视域中的爱与教育分离问题,主要立足于学校层面的描述和分析,这一层面教育爱的主体是学校的校长和教师,他们教育爱的缺失直接影响学生的生存质量和发展潜能。然而审视当前学校教育现状,我们愕然发现学生的生存状态是令人忧虑的,教育爱并没有在学校这一层面得到很好的展现和落实。

(一)学校的现状扫描

学校,作为培养人的专门场所,本应该是一个人精神成长的乐园,也

---

① 顾明远主编.热点问题冷思考:透视中国基础教育[M].北京:教育科学出版社,2010.630.
② 王海东.我们的中小学教材到底出了啥问题[N].中国青年报,2011－1－28(3).

应该是对学生实施爱的家园。一个人从 6 岁入学到大学毕业,有十几年的时间是在学校中度过的。学校中校长和教师对学生的爱,将化作暖阳,照亮学生成长的道路,让学生乐于上学,并在学校中体验到快乐和幸福。然而,正是由于教育中最重要的精神质素——爱的缺失,使学校成为缺少精神的家园,失去欢乐的乐园,甚至成为人人都可以指责和批评的场所。下面,笔者就对我国各级学校的现状进行以点带面的扫描,看一看本应是爱之家园的学校,究竟存在哪些爱的缺失问题。

1. "科研本位"的反思

高等学校作为最高学府,其主要任务是教学、科研和为社会服务。可是当前我国高校普遍出现着"科研本位"的现象,学校为了发展学科、为了申报硕士点、为了由"学院"变"大学"、为了跻身于重点甚或"211""985"之列,将科研业绩作为考核教师的第一准绳,将发展科研作为发展学校的第一要务。这种不正确的导向严重削弱了高等学校的教学中心地位,使大学课堂失去了生机和活力,影响了教学质量和学生的学习质量。在现行的高等院校中,以至于出现这样的情形,教师不认真备课,将主要精力用于科学研究;不认真上课,将主要时间用于高谈阔论、时事点评等。学生在课堂上也乐得清闲,宁愿听老师讲一些"题外话",不是追求专业知识的丰富和专业能力的提高,而是寻求视觉和听觉的刺激,这即出现了一些大学师生共混课堂的现象。高等学校的"科研本位"、唯科研是举的导向,没有把学生的发展作为办学的根本,甚至降低学业标准,对学生管理不严,是缺乏教育爱的表现。这种导向对于学校的眼前发展可能是有益的,但对于学校的长远发展是不利的,对于学生的眼前和长远发展则都是无益的,也给高等教育整体的发展带来了不利的影响。

2. "庆典花瓶"的隐忧

早在 2001 年,教育部办公厅就曾发出通知,严格禁止组织中小学生参加商业性庆典、演出活动。可是时至今日,在一些地方政府部门组织的工程开工、竣工、各种集会和文体活动中,在某些商家以营利为目的的商贸活动及庆典中,仍可以看到中小学生前来"助兴"的身影。学生参与这类活动,有的是政府有关部门的硬性要求,有的是商家给了学校一定利益换来的,还有的是学校领导为了某种利益主动要求的。可是无论出于哪种目的或起因,学校允许或要求学生参与此类活动,都会干扰正常的教学秩序,也会使学生的身心受到严重伤害。其实,无视学生的利益,让学生在一些活动中充当"花瓶"的现象在高校也时有发生。在一些高校迎接上级主管部门领导或相关专家来校进行教学质量评估、评奖评优等活动中,学校时常会安排一些长相和身材都很标致的女大学生充当"礼仪小姐",站在学校的门口或楼梯口迎接领导和专家。大学校园作为"象牙塔""人类精神的伊甸园",沦落到将学生作为"花瓶"来取悦客人的境地,实在与大学的精神和理念相悖,学校领导对学生的爱与尊重也相应地沦陷了。

3."以钱为本"的追问

爱的教育应该是"以人为本"的教育,学校被人们尊为"净土",应该是远离金钱和铜臭,追求学问和崇高的地方。但现行学校中一些政策和行为却与"以人为本"渐行渐远,正一步一步走向"以钱为本"。这不仅伤害了学生的利益,也毁灭了人们对教育的尊重和期盼。中小学乱收费现象近年来在政府三令五申的禁止下,已有所收敛,但其中还不乏学校采取"非强迫"的方式使家长和学生"被自愿"从兜里掏钱的现象存在,这种现象从中小学到大学都有。如 2009 月 9 月 16 日"新华网主页 – 新华教育"以《学校"联姻"培训机构拉学生补课 没钱分期付款》为题,报道了重庆部分小学补课市场乱象的调查结果。报道指出:"学校为了创收,与校外培训机构进行利益捆绑,校方在生源方面全力支持培训机构,而培训机构则会按一定比例给校方分成。"[①]虽然这种校外补课并不是强迫性的,但由于学校与培训机构相互勾结,具有了利益关系,学校为了吸引学生就会采取一些软措施,使学生感到不参加培训就可能落后,因此不得不参加。可是参加这种培训不但增加了学生的学习负担,也增加了家长的经济负担。这种学校"以钱为本",培训机构与公办学校"合谋"赚钱的不"爱"之举不仅在重庆市存在,在全国各地都不同程度存在。如《中国青

---

① 张琴.学校"联姻"培训机构拉学生补课 没钱分期付款[EB/OL]. http://news. xinhuanet. com/edu/2009 – 09/16/content_12059271. htm, 2009 – 09 – 16.

年报》2011年9月8日第1版报道了记者在湖北、广东等省的相关调查发现:"有偿补课:由内转外、公私'合谋'""社会培训班'傍'公办学校,已成为这个行业的潜规则""'培优班':公办教育资源的'寻租地'"等。如果说通过"联姻"来"创收"还只是暗箱操作,那么收取"小升初"的择校费则是某些学校堂而皇之地进行的。21世纪教育研究院与新浪教育频道发起的关于"小升初"状况的网络民意调查显示,在调查涉及的35个城市中,家长在孩子"小升初"择校准备阶段的花费平均在4.4万元,而北京地区的家长高达8.7万元。① 当然,"小升初"的混乱给家长和孩子造成的影响是多方面的,仅此高收费一项就与教育的公益性相违背,更枉谈对学生的爱与公平。当然,还有更加恶劣的事情,发生在广西南宁交通职业技术学院。

2011年3月,广西交通职业技术学院在校内发起了一场"志愿者招募"活动,校方称,应深圳市保安服务公司邀请,需要招募志愿者到深圳工作。在老师的动员下,半个月后,全校共有1000名学生报名参加"志愿者"。

随后,学校与学生签订了一式两份的《学生参加第26届世界大运会志愿者安保实践活动协议书》,协议书称,学生以志愿者身份被大运会安全保卫部门邀请,参加实践活动。实践时间为今年6月至10月10日止。甲方(学校)给乙方(学生)颁发参加大运会志愿者荣誉证书,生活补贴为600元/月。

自6月7日起至6月19日,南宁交通职业技术学院1000名学生先后分四批被送往深圳。抵深后,学生们被分成早晚两班在深圳市地铁二号线、三号线负责安检工作。一名吴姓同学表示,因为地铁6点半开始运营,他早上5点就要起床,6点钟之前要到地铁站,一般要上到下午3点,有时人手不够就一直要上到晚上11点。

高强度的工作任务、8人一间的简陋宿舍……一切都跟学校原先承诺的有空调、有网线、每人每餐25元伙食费等条件相去甚远。

---

① 李新玲,樊未晨.北京"小升初"择校费平均8.7万元[N].中国青年报,2011-8-29(3).

更让学生感到郁闷的是,他们上岗后发现,自己佩戴的不是志愿者的证件,而是深圳地铁安检员工作证,工作证上的单位名称是"港铁轨道交通(深圳)有限公司";所穿的也不是志愿者服装,而是类似于保安的制服。

志愿服务变成了来深圳打工,而学校发给学生每月600元的生活补贴,还不到深圳最低工资标准的一半。

种种疑问,使得部分学生开始向校方表达他们的不满,但得到的却是被遣送回南宁和"再惹事,就不发毕业证"的警告。

7月3日,深圳市政协委员封昌红在其微博上对此事进行曝光,引发了网友的强烈关注。

随后,深圳市保安服务总公司副总经理汪洪在接受媒体采访时表示,公司与学校接触时就表明需要的是地铁安检工作的实习生,并不是大运会的志愿者,"志愿者是志愿服务,我们这是有报酬的,两者肯定是不同的,是学校搞错了概念。"

汪洪还透露说,对于每位实习学生,公司每月发放1600元的实习费,仅比与保安公司签订了劳动合同的正式安检人员少200元。至于学校如何分配这笔费用,公司无权干涉。

……①

针对此事件,《中国青年报》编辑王怡波发出了"学校怎么忍心从学生身上'剪羊毛'的呐喊"。的确,热血青年志愿参加实践活动,怎奈却被欺骗、被盘剥,被学校当作赚钱的工具。荒谬至此,教书育人的学校,何以为校!为人师表的教师,何以为师!在高校,像广西南宁交通职业技术学院这种明目张胆地盘剥学生的并不多见,但打着各种旗号乱收费的现象还是存在的。如火车票优惠磁条费、学生证费、用电费、喝开水费等国家明令禁止的收费项目,有些高校还在收取。还有的学校克扣国家给予学生的补贴,部分医学院校存在收取实习费等情况。在这里,我们不得不说,当教育爱遭遇金钱,学校应该选择的是前者,这样才不失其为爱的精

---

① 谢洋.广西:千名学生被学校"忽悠"打工[N].中国青年报,2011-7-8(1).

神家园。

4.取消"重点班"的无为与难为

所谓"重点班"就是学校对招收来的学生区别对待,把一些成绩好的学生单独编班,在师资配备、课程设置、教学资源分配等方面予以特殊对待。重点班的存在,其实质就是学校人为地把学生分为三六九等,这种划分在教书育人的专门场所是非常具有"权威性"的,对学生的学习和心理都会造成巨大负担,也会影响学生学习结果的公平,对学生的伤害和影响终身难以弥补。但就是这样"害生"的重点班,在国家三令五申禁止的情况下,仍然"隐姓埋名"地存在。

"今年,我孩子就读的学校初一招了15个班,作为家长,我们都知道其中两个班是英语实验班,两个班是数学实验班。虽然从班号上看不出来,但是如果达不到学校考试的分数是进不去的。"张女士的孩子就读的是北京一所非常知名的中学,孩子在测试当中没有达到相应的分数,进了普通班。

据了解,为了避开教育部门的检查,一些学校将分班放到开学之后进行,有的以一个平常的数字代替,有的把班数排到末尾,跳出"重点班"就是"1班""2班"的思维定式。学校取消没取消"重点班",不在于名字是不是还叫"重点班"。一位家长说,过去在"重点班"教课的那些教师,现在还在这个班教课,或者大部分还在这个班教课,你说它是不是"重点班"?

除了使用"隐形"法,还有一些学校打起了"实验班"的主意。"允许实验班存在的本意是为了实施某种教育教学探索,但是有些学校现在打着'实验班'的旗号搞差别教育值得警惕。"一位教育界人士指出,现在的"实验班"各种各样,辨别起来有难度,这给一些学校打"实验班"的幌子行"重点班"之实留下了空间。①

学校设置"重点班"的直接目的就是集中优秀学生、优势教育资源进行"攻坚",以提高升学率。可是,过早地让身心还处于发育中的学生进

---

① 王友文,蒋夫尔.取消"重点班"咋就那么难[N].中国教育报,2008-9-1(8).

入成人式的激烈竞争,其效果恐怕是差强人意,适得其反。非"重点班"的学生会失去学习兴趣和学习信心,而"重点班"的学生在巨大的心理压力下,身心俱疲,最终可能导致生命不能承受之"重"。当然,"重点班"屡禁不止的深层原因是现行的教育评价机制过于重视学校的升学率。但是作为一校之主的校长,本应是教育爱的主体,却成了抹杀爱的推手,用外在的功利化的追求替代对学生全面、均衡发展的责任,在失去了对学生的公平与尊重的同时,也丢掉了本身的自尊和自重。

(二)教师的形象透视

关于教师,古往今来人们不惜用最溢美的比喻来形容其形象的光辉和伟大,"人类灵魂的工程师","如春蚕,到死丝方尽","像蜡烛,燃烧自己,照亮别人"。这既是对教师的赞美,也是对教师的期待,更是对"教师"这一职业的本真写照。的确,父母给予人的是生命,教师给予人的则是智慧、精神和灵魂。如果说父母的爱是最真挚的,那么教师的爱则更无私、更庄严、更厚重。然而当代教育界一些教师的做法,严重影响了教师队伍的形象,也影响了人们对教师的认可和尊重,引起家长、学生的不满,专家、学者的担忧,致使有人发出了"教学未必都神圣"①的慨叹,也有人敲响"杞人忧师——拯救中国教育"②的警钟。

1. 关心的错位

"孩子们除了苦学累学之外,是否还有另外的选择;教师除了题海战术的旧招,是否能创造出更好的办法;作业除了反复练习、巩固记忆外,是否可以有更多生命的意义?③ 这么多问题的提出,直接质疑的是教师关心的错位。现行教育中许多教师不是不关心学生,但教师对学生的关心仅限于其学习成绩和分数,也就是智,但对学生德、体、美等方面的培养和训练则忽视甚至无视。重知识训练,轻个体价值;重智能发展,轻情感和

---

① 石鸥. 教学未必都神圣——试论教学病理学的建构[J]. 湖南师范大学社会科学学报,1999(2):92-97.

② 鄢成山,何保胜编. 杞人忧师:拯救中国教育[M]. 北京:中华工商联合出版社,1999.

③ 编者. 音乐课要么自习,要么被精力旺盛的主科老师占去[N]. 中国教育报,2009-1-22(4).

品德的内化;重教师的"传",轻学生的"授";光教学生怎样做工程师,如何操作电脑,却不讲做人做事的道理;只注重学生的背诵、应用等演绎思维的训练,不注重学生发现、创新等归纳思维的培养等。

在现行教育中,对分数和成绩的过度关心,致使教师不顾学生的需要、兴趣和个人独特性,一味地死教书,教死书。如根据句子的意思写成语,"思想一致,共同努力"必须写为"同心协力",写"齐心协力"即被指正;"刻画描摹得非常逼真"必须写成"惟妙惟肖",写成"栩栩如生"即被认定为错误等,上述教死书的例子随便可见。

"伟大的人民教育家"①陶行知在新中国成立前就提出对儿童的头脑、双手、眼睛、嘴、空间和时间的"六大解放",可是直到今天,还有许多老师打着关心学生的旗号行束缚学生之事,"封闭化管理""磨靠战术",致使学生进入校园时是个性迥异的独立体,走出时却成了标准的螺丝钉。爱是教育的主题,教师对学生的关心是师爱的重要组成部分,但是教师在教育中沉沦于机械化、模式化的题海战术,围绕着应试教育做文章,不把真、善、美之爱放在心上,那么受伤的不仅是学生,还有民族的未来。

2. 责任的旁落

教书育人是教师的根本责任。可是现在许多教师不履行自己教书的责任,把这部分责任推给课外辅导班,甚至从中谋取个人私利。据笔者一同事介绍,她小学六年级的女儿凡(就读于本市一重点小学)在上数学课时,老师针对一个新的知识点问学生会不会,会的同学请举手。这时,有不足十人举手了,老师看到有人举手就轻描淡写地讲了一下,进而往下进行了。课后,凡对那几个举手的同学说:"下次老师再问的时候我们别举手了,我们在课外学过所以会了,但我们也得带一带那些没学过的同学呀!"听了这话,我在为凡的责任感而叫好的同时,也为教师的责任旁落而失望。据说,像这种"无情地放弃对一部分学生的教

---

① 陶行知先生于 1946 年 7 月 25 日在上海逝世.1946 年 8 月 11 日,延安各界代表举行追悼会,毛泽东题写的悼词是,"痛悼伟大的人民教育家".

育"①情况在教师中绝不是个案。在"课外辅导班成了正餐,学校的正常教育正在变成餐后甜点"②的形势下,教师教书的责任越发不尽如人意,面对热火朝天的培训市场和高额的讲课费,有的教师跃入其中,成为培训机构的兼职教练;也有的虽没踏出校门,但也开起了自留地,在家里搞单独辅导。教育一旦与市场和利益挂钩,就会由公变私,由益变利,失去了其爱的精神和本质。有的老师上课不讲新的知识点,偏偏等到补课时才讲,逼得一些本不想参加课外辅导的学生也不得不参加,从而造成恶性循环。

育人,较之教书更需要技巧和教师真诚的爱。可是许多老师担负不起育人的责任,或者采取简单粗暴的育人方法,不但起不到良好的育人作用,还给学生造成不良的影响。下面的管理方式不仅是一种简单粗暴的做法,更是爱和教育分离的实例③:"迟到两次被罚了好几块钱,好心疼哦!"近日,记者接到仁寿一高一学生电话,称他所在的汪洋高中部分班级的班主任为了管好学生,"创新"性地将学生管理与罚款挂上了钩,如果学生违反学校纪律,迟到、旷课、早退等都将被罚款,有的班级甚至连考试没有考好也会罚款。更有意思的是,罚款不仅可以打折,而且还会根据物价水平的上涨而上涨。

加强对学生的管理和教育,预防学生犯错,本是对学生负责的表现,但使用罚款的方法则是将育人责任简单化。教师在学校中的一言一行,都会对学生人生观、价值观的形成产生重要影响,犯错罚款的方法,虽可能制止一些失范行为,但也可能在学生中形成交钱了事的作风,进而形成有钱好办事的观念,这对学生的身心健康成长是极为不利的。在教育中,除了一部分教师用简单粗暴的方式对学生实施教育外,也有部分教师不敢履行教师的责任,对学生的缺点和错误听之任之,有意无意地放纵学生。以为不批评学生即是对学生好,或者害怕对学生要求过于严格会遭到学生的反感,这一切也都是教师责任失落的表现。放纵学生实际上是

---

① 刘庆昌.让幸福走进教育过程[J].教育理论与实践,2008(4):3-8.

② 樊未晨,邱翔.家长为什么要让课外培训掏空口袋[N].中国青年报,2011-1-10(3).

③ 黄桂云.违纪就罚款 用钱管学生?[N].眉山日报,2010-5-10(4).

在害学生,而批评和严格要求学生则是教育爱的重要组成部分,是对学生充满理性和智慧的爱的表现。

3. 尊重的遗失

教育中尊重的遗失有时是公认的最大问题,教师对学生的不尊重具体体现为对学生身体的不尊重,如体罚和变相体罚;对学生人格的不尊重,如污辱性言行等。笔者在百度网上以"教师体罚学生"为关键词进行搜索,找到的记录竟有5140000个(当您读到这里时,这个数据可能还在增加)。我无意在此长篇引用网络和各大报刊媒体上关于教师体罚学生的具体报道,事实上,这样的报道出现的频率很高,几乎每隔几天就会出现一次。我们仅需列举教师体罚或变相体罚学生的"花招"就足以让人触目惊心,"在学生嘴上缠胶布""罚全班同学喝颜料水""逼学生吃苍蝇""罚学生自打耳光""罚作业""以锻炼为借口体罚学生"等。教师对学生人格的不尊重则更是丧失了为师之本,与教育爱相去甚远。根据由新华通讯社主办的《现代快报》报道,网友"小雪"于2009年12月13日,在江苏省无锡的东林论坛发帖《老师,让我如何尊重你》称,他朋友孩子的物理作业本上充斥着"恶心""没脑子""真牛B"(如下图)[1]等评语。

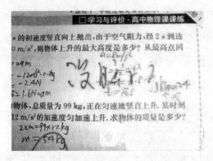
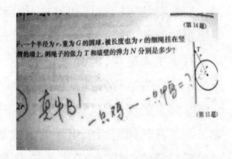

"老师在学生作业评语中写脏话,杀伤力会有多大?"这些攻击性的评语,出自教师之手,对于尚未成人的学生来说,大部分人会失去自信,也会失去对老师的尊重,其杀伤力不可预期。另据2009年9月24日广州日报报道,某小学语文教师在课堂上因学生彦晖感冒流鼻涕不止,又"在

---

① 陈海飞,黄艳.爸爸妈妈,老师说我"没脑子".[N].现代快报,2009－12－22(F20).

同学们的笑声中,渐渐将头垂下,最后埋进了课桌底下"之后,该老师便让全班学生以此"作为随堂练笔的题目:《×彦晖很害羞》"[1]来写作文。该报道具体情况如下:

彦晖今年8岁,在同龄的学生都在读二年级的时候,他已通过测试,破格跳级至三年级,而且成绩依然名列前茅。

……

9月10日的一节语文课上,彦晖因感冒而不停流鼻涕,他身上没有带纸巾,教室里也没有纸巾,小男孩只能不停地大声吸鼻子。坚持没多久,鼻涕终于直流而下,彦晖的上唇糊成脏脏的一片。

此时,班主任兼语文老师徐老师转过身来,手一挥,让全班同学注视着彦晖,并对他不爱干净的行为做出批评。"老师曾经提醒过他,要在上课前到洗手间,将鼻涕洗干净再进教室"。同班的另一位女生告诉记者,但此次的突然发难,出乎所有孩子的意料。

"我们看他的时候都笑了"。女孩说,彦晖满脸通红,在同学们的笑声中,渐渐将头垂下,最后埋进了课桌底下。而徐老师没有让彦晖去洗手间清洁,也没有继续上课,而是在黑板上写上一行字,作为随堂练笔的题目:《×彦晖很害羞》。

据了解,全班36个同学,都各写了一篇同样题目的小作文,内容大同小异,都是以嘲笑彦晖为主。老师还让大家讨论怎样以"彦晖羞愧得脸红"做比喻,"有同学说像猴子的红屁股,老师都没有反对。"之后,各种比喻层出不穷:含羞草、鼻涕虫、缩头乌龟、猴子屁股……只有彦晖一直在颤抖着下笔。

"今天是9月10日,qiáng壮的×彦晖居然害羞了!上课老师要同学们看我,我怕(他)们笑我流 bítì,就把头压(下),他们却 cháo 笑我害羞!!!老师说要(以)我为主题写小练笔,我害怕 jí 了!"

这是一篇名为《×彦晖很害羞》的作文,作者就是×彦晖。下面是徐老师的评语:"你原来是怕这个呀,不过你写得很流畅,有条理。"作文成

绩是"A+"。

从徐老师对彦晖作文的评语可以看出,徐老师对以流鼻涕男孩为主题写作文"本无恶意",只是一个信手拈来的无心之举,但教育不是信手拈来之举,它是一个理智和智慧的过程。徐老师的举动丧失了对彦晖同学的尊重,彦晖在全班同学面前失去的尊严是无法弥补的,这一经历将是他一生中最为痛苦的回忆!尤其令人担忧的是,"徐老师"的无心之举在课堂教学中并不罕见。据有关资料统计,教师在课堂教学中不恰当地对待学生的方式有:讥辱(30.6%)、训罚(47.7%)、威胁(11.6%)、不信任(5.2%)、其他(4.9%)[①]。这些不恰当对待学生的方式,其实质都是对学生的不尊重。

4.公平的无为

教师对学生的不公也可以称之为教育中的偏爱,教师偏爱的对象一般有学习成绩好的学生、听话的学生、长相好看的学生、家庭经济条件好的学生等几种。教师公平的无为在教育中可以说是俯仰皆是,特别是在教师的赏罚"权力"分配过程中,是不公平滋生的土壤。如课堂提问、竞选班干部、安排座位、对学生的态度等,最能体现教师是否公平。由于教师对学生不公平的普遍性和经常性使大多数接触过教育的人都感同身受,并且在教师对学生关心的错位、责任的旁落、尊重的遗失中,公平的无为已经发生,所以,关于教师对学生的不公平现象我们在这里不再一一举例。另外,教师对学生爱的缺失,很多时候并不是单一要素的缺失,有时候一个不得体的行为,其实伴随着教育爱的所有构成要素的缺失,我们从以上四个要素来分别分析,只是为了研究的方便,同时也是为了从不同角度对于师爱的不足给以全面的展示。

(三)学生的境遇管窥

"哎,学生——苦学的机器;

哎,学生——发条上紧的闹钟;

哎,学生——日夜苦作永不停息的凡身肉体的学习玩具。

---

① 转引自朱小蔓等.教育职场:教师的道德成长[M].北京:教育科学出版社,2004.17.

你说，做个学生容易吗？

——高一学生随笔"①

这不仅是高一学生的慨叹，也是所有在学儿童、青少年的呐喊；这些话代表了整整一代人的心声，也反映了当代中小学生的生存状态。儿童和青少年是祖国的花朵、民族的未来，是所有教育工作者用爱与责任哺育的对象，他们本应该在轻松愉快中享受教师温暖的关怀，应该在运动场上生龙活虎地驰骋，应该在舞台上欢快地歌唱，可是"孩子的整个童年和少年时期几乎完全被上课、自习、作业、考试、分数、名次、家长的唠叨、老师的逼迫填满了，他们还剩下多少自己的空间？"②空间所剩无几，时间亦被挤占，孩子们的身体和心灵均已不堪重负。晚睡早起，披星戴月，已成为中小学生的专有名词。下面是甘肃省某市一所口碑不错的小学六年级学生在 2008 年 12 月 25 日一天的时间表③，看了之后不仅"老爸"心疼，读者诸君都会心疼，只是不知学校和教师会不会心疼？！

6：00，闹铃声响。

6：05，被叫醒后，抱怨连带恳求："再睡一会？"

6：15，坐起身来，揉眼，努力地睁眼，一脸的不情愿。

6：20，坐到桌前，查看并修改用铅笔作了"×"标记的题目。

6：23，吃早餐。

6：30，去学校。天色还暗，路灯还亮。风吹到脸上，有刺痛感。

7：30—8：10，数学小考。

8：30—11：40，4 节课后放学。

12：30，"睡不了，有作业"。

12：40—13：35，午餐。

13：35—14：00，做作业。

14：03，出门上学。

14：30—17：30，上 3 节课。

---

① 刘云彬.学校生活社会学[M].南京:南京师范大学出版社,2000.202.

② 滕兴泽.给孩子们更大的空间[N].中国教育报,2009-1-22(4).

③ 史万浩.儿子逃学我不反对[N].中国教育报,2009-1-13(4).

17:30—18:15,自习。

18:30,回家。街上,天色已暗,路灯已亮。

18:40—19:20,晚餐,抢时间看看特迷的动画片或篮球、足球比赛。不停止吃饭。

19:25,开始写数学作业。试卷一套(卷面要求时间为90分钟),包括填空、判断、选择、口算、应用等题型共4页64道小题。

21:46,完成数学作业,表现疲惫。要求看看CCTV—10"探索·发现"获准。

22:05,精神恢复,开始写语文作业。听写两个单元"读读写写""读读记记"共104个常用词语、成语,背诵并默写这两个单元教材要求背诵的课文共4首唐宋诗词、1段散文。

22:39,开始写英语作业。两个单元单词、短语共13个抄写2遍,听写1遍。

22:55,完成英语作业,听写准确率100%。"我们老师心真狠……总算写完了。"表现疲惫不堪。

22:58,儿子看"动物世界",父检查作业。

23:15,"儿子,数学有2个题错了,太粗心!""明天改吧,我写不动了。""明天几点起床?""5:30。再迟就来不及改错了。"

23:20,儿子上床睡觉。

23:23,入睡。

以上是父亲对儿子一天生活的真实记录,从中可见一个小学六年级的学生所经受的折磨和所肩负的重担。这不能不使我们心疼和忧虑。孩子的一句"我们老师心真狠"道出了时间表幕后无声的操纵,如果不按此表进行,学生就完成不了任务,就可能会受到老师的批评甚至责罚。可是,这种枯燥、单调、压抑的学生生活会使孩子对生活甚至生命感到麻木、冷酷、厌倦,甚至失去热情,从而使孩子的身体和心灵受到双重的伤害。

《中国学生体质健康相关行为调查》显示:有近一半的中小学生没有达到国家规定的小学生10小时以上、初中生9小时、高中生8小时的睡眠时间。随着年级的升高,青少年的睡眠时间越来越少,初中、高中毕业班学生经常在 23：00 以后睡眠，清晨 6：00 以前起床。[①] 而充足的睡眠是青少年健康成长的充分保证，在晚上 22 时到凌晨 1 时的深睡眠阶段是人的生长激素大量分泌的时段，是少年儿童生长的主要时段。如果睡眠不足或者深睡眠的时间不足，将影响到新陈代谢，进而严重影响学生的身体健康成长；同时，睡眠不足 4 小时，个人的神经反应能力会下降 45%；长时间近距离用眼和睡眠不足，也直接导致了青少年近视眼的发生。沉重的学业负担也使有些学生出现了内向、封闭、孤僻、逆反等心理问题，造成教育中人际关系的疏远。由于忙于记笔记、背定义、做试题，致使学生与学生之间、学生与老师之间没有时间交流和交往，从而相互封锁养成了自私的心理。"教育如果不能给学生带来幸福与美好的追求，如果不能使孩子拥有快乐、健康的人生，那么我们的教育就不是充满人性和人情的教育，就失去了教育应有的使命。"[②]

那么，在现行教育环境中苦苦挣扎的一代，他们是如何评价教育和自己的生命质量的？他们是如何看待学校、教师、教科书的？他们是否感受到教育之爱？他们是最有发言权的，请看他们关于其所处情境描述的材料。

"学校是鸟笼"；"学校是监狱"；"学校是监视器，'体验成者为王，败者为寇'的地方"；"学校是比监狱好一点的地方，学校是未成年人的集中营"……

"教师是警察，没有手枪手铐却有十个警察加起来也不及的'侦破方式'"……

"教科书是常常煞有介事地说一些不着边际的废话却又不得不读、不背的东西；不给人任何美感，却让人强行接受的冷血动物"……

"受教育者是常常做着她极不愿意做的事的人，最需要睡眠可往往睡眠最不足的群体"；"高喊'高分未必高才'，又整日为高分而废寝忘食；

---

① 教育部新闻办公室，中央教育科学研究所组织编写.对话教育热点问题(彩色版)2010[M].北京：教育科学出版社，2011. 229.

② 滕兴泽.给孩子们更大的空间[N].中国教育报，2009-1-22(4).

还没有上岗,却整日被灌输下岗危机的人"……①

从以上的描述中,我们可以看出,学校、教师、教科书在受教育者心目中是没有什么温情可言的,更谈不上有爱的感受。在此情境下,受教育者对自身的定义也不容乐观,带有严重的消极情绪。本是给予学生幸福的教育竟造成了学生生命的沉重负担,这不仅是学生的悲哀,也是教育的悲哀!套用拉伯雷的话——"学问无良知即是灵魂的毁灭,政治无道德即是社会的毁灭。"我们想说:"教育无爱即是下一代的毁灭。"

至此,我们从宏观和微观两个层面对我国当代教育中爱的缺失及其造成的后果进行了描述,其中难免有以偏概全或者挂一漏万之处。需要说明的是,分析教育中爱的缺失问题,不是为了否定或指责,同时,这并不意味着一笔抹杀广大教育工作者的辛勤劳动,也不意味着全盘否定这些年来教育改革所取得的种种成绩,而是为了在分析其产生原因(见第五章)的基础上,更好地建设和完善我国的当代教育(见第六章)。本书坚信,这是每个有责任感的社会人都能理解并给予支持的。

---

① 刘云彬.学校生活社会学[M].南京:南京师范大学出版社,2000.365-367.

第五章　教育中爱的缺失归因分析

任何事物或问题的产生,都有其特定的原因。"唯物主义的决定论原则,就是承认客观世界中的所有事物、现象和过程都必然地由某种原因所产生,只有原因尚待查明或结果尚需考察的对象,不存在不受因果关系支配的事物。"①前文我们已从宏观和微观两个方面对当代中国爱与教育分离的现状做了现象上的描述,那么这些现象产生的原因是什么? 谁来为爱与教育的疏离负责? 笔者试从如下几个方面做以分析。

一、社会层面的分析

讨论当代中国的教育问题,不能离开教育所赖以依存的社会背景。"社会是由自然环境、人口、物质生活资料的生产方式三个基本要素构成的。"②物质资料的生产方式,又包括生产力和生产关系两个方面。当代中国教育中爱的缺失与分离问题,与当前中国社会的自然环境、经济发展状况以及社会机制等都有一定的关系。因此,我们对社会层面的分析也从自然环境、经济发展和政治体制等几个方面展开。

(一)自然环境的多样与差异

中国是一个幅员辽阔的国家,在 960 万平方公里的土地上存在着极大的地理和自然环境的差异。如温度差异:在北方已是冰雪满地的冬天,南方却还是鸟语花香,温暖如春;资源差异:中东部地区土地肥沃、物产丰富,西北部却是土地贫瘠,物产萧条;交通差异:沿海城市交通发达,陆海

---

① 中国大百科全书总编辑委员会《哲学》编辑委员会. 中国大百科全书・哲学 II[M]. 北京:中国大百科全书出版社,1987. 1132.

② 柳海民. 教育原理[M]. 长春:东北师范大学出版社,2006.144.

空交通工具俱全,而对于新疆、西藏等西部地区,由于其险要的地理环境,列车的通行都十分困难。还有由于不同的地质环境所决定的风、沙、雨、雪、雹、地震、泥石流等不同的地质灾害,大城市由于工业发展造成的环境污染进而导致疾病流行等。可以说,偌大一个中国,在不同地区演绎着不同的地理、气候和环境。正是由于我国存在着多种多样且相互之间落差很大的自然环境,制约着不同地区教育发展的规模、速度、质量,在落实教育政策、实行新的学制规定、试用新的教材以及贯彻教育目的等,都难以强求一律,都必须考虑不同地区的自然条件。这种自然环境对教育的影响和制约,虽然是客观上的制约,更准确地说是对教育爱的价值和作用发挥的一种制约,但其产生的影响我们必须给予客观地承认。

如《中华人民共和国义务教育法(草案)》说明(1986年)中强调把我国划成发达、中等程度、不发达三类地区,有步骤地实行九年制义务教育,这表面上看是决策者对不同地区的爱与重视程度不同,实则典型缺少了教育爱的公平,但这也正是不同地区的自然地理环境对我国实施九年制义务教育进程的影响。这种影响产生的后果看似爱和教育的分离,实则也是教育爱的无奈。再如城市和农村地区由于显著不同的资源和交通条件,对儿童的入学率、巩固率、毕业率都会产生重要的影响。

(二)经济发展的落后与不平衡

任何社会办教育都必须以一定的人力、物力、财力为基础,经济发展状况是教育发展的重要物质前提。"教育(或学习)是不能孤立地去进行的,我们不是处在'禄在业中'的时代,我们不能饿着肚子走'正谊明道',我们必须弄饭吃,我们必须注意经济工作,离开经济工作而谈教育或学习,不过是多余的空话。"①毛泽东的这一思想和马克思的"教育一般说来取决于生活条件"②是完全一致的,都表明了教育的发展情况取决于经济发展水平的高低。经济发展水平对教育发展的制约和影响,也是对教育爱的挑战和考验。我国虽然幅员辽阔,物产丰富,但由于人口众多,底子

---

① 毛泽东.毛泽东选集[M].长春:东北书店,1948.85.

② 马克思.马克思恩格斯全集(第六卷)[M].中共中央马克思恩格斯列宁斯大林著作编译局译.北京:人民出版社.1961.648.

薄弱,经济发展还处于一个较低水平,因此教育资源的总量不是十分充足,这导致了短缺的教育资源难以满足庞大的教育人口的需求。国家虽然提出了"科教兴国""教育先行"等教育战略,但各级政府的财政对教育事业的经费投入仍然严重不足,不能实现政府提出的教育经费增长的比例。这种状况对于我国教育规模的扩大、教育质量的提高以及教育事业的持续发展都造成了重要影响,如我国很多学校的设施、条件建设标准和水平偏低,难以满足提高教育教学质量的基本需要;一些地区还存在着大量学龄儿童失学、辍学、沦为文盲半文盲的现象。党和国家也认识到了由于经费投入不足所产生的问题的严重性,但限于经济发展的现实状况,大规模的教育投入仍显得力不从心,因此"尴尬的教育投资"成为当代中国教育的痛。经济发展的相对落后,除了表现在教育资源的失衡之外,还表现在教师待遇的不足。教师作为精神劳动者,其付出的心血与汗水不能与其所获得的收益成正比,这使许多教师产生心理上的不平衡。特别是对于一些贫困地区,甚至出现拖欠教师工资的现象,这都对教师教育爱的正常发挥产生了一定的负面影响。

除了整体经济发展水平相对落后,我国还存在着不同区域、不同城市经济发展严重不平衡的状况。改革开放以来,我国逐步由自然经济、计划经济发展为市场经济、商品经济,虽然市场经济、商品经济已渐趋成为主流经济,但自然经济、计划经济仍在一定范围内存在。从区域经济发展看,我国的情况是"一个中国,四个世界;一个中国,四种社会"①:包含有人均生产总值高于中等收入国家平均水平的北京、上海、深圳地区,大中城市和沿海地区等中上等收入地区,包括沿海地区的河北、东北、华北中部部分地区的中下等收入地区和包括中西部贫困地区、少数民族地区、农村地区、边远地区、低收入地区。即使在同一地区,也还存在着城乡间的巨大差异。我国是一个农业大国,农村人口占据大多数。虽然在第一世界等大中城市由于经济发展迅速已实现了网络化、信息化、电子化,但在中西部农村仍是手工作坊、牲畜耕作,经济状况也是以自然经济为主。经

① 胡鞍钢主编.中国战略构想·前言[M].杭州:浙江人民出版社,2002.1-3.

济发展的不平衡,也给教育发展带来严重的不平衡,如教育设施和教育条件、师资力量和师资水平、义务教育的普及率及普及程度等,在不同地区、不同城市都存在着显著的差异和不平等。我国的择校、高考移民等现象都与各地经济不平衡所带来的教育不平衡有直接关系。虽然同为中华人民共和国的公民,但由于生于不同地区、不同地点,就不能享受同等同质的教育,这是对爱与教育结合的又一个挑战!

(三)政治体制的偏颇与不完善

一般来说,制度的确立是一种政治行为,是阶级意志和阶级利益的体现与表达,因此,教育制度也体现了政治上占统治地位阶级的意志和利益,理想与愿望。政治体制的情况如何,直接影响着教育制度确立的方式和教育制度的质量与效率。而教育制度的确立方案,又决定着一定社会中教育资源的分布情况,决定着教育机会和权利的不同分配,体现着爱在教育中的实现程度。在过去,"官僚主义现象是我们党和国家政治生活中广泛存在的一个大问题。它的主要表现和危害是:高高在上,滥用权力,脱离实际,脱离群众,好摆门面,好说空话,思想僵化,墨守成规,机构臃肿,人浮于事,办事拖拉,不讲效率,不负责任,不守信用,公文旅行,互相推诿,以至官气十足,动辄训人,打击报复,压制民主,欺上瞒下,专横跋扈,徇私行贿,贪赃枉法,等等"①不良现象时有发生。这也使得我国传统的教育制度表现出明显的集权化和政治倾向,这样的教育制度是低效的,也保证不了教育的质量,更谈不上教育爱存在于其中。我国虽然是人民民主专政的社会主义国家,基本的政治制度是良好的,但在具体的组织形式和工作方式上,现行政治体制还存在一定的不完善的地方,如权力过分集中,官僚主义、封建主义影响还没有完全肃清等。政治体制中的官僚主义、封建主义影响,渗透到教育领域,就会影响到教育决策的科学性和民主性,导致教育决策的领导意志和官僚作风,主要表现为权力拥有者的利益考虑。如把握一定权力的领导者,其子女普遍就读于权力范围之内的"重点校"等,在带着自己切身利益的子女或亲属受教育质量问题上,权

---

① 邓小平. 邓小平文选[M]. 北京:人民出版社,1994. 327.

力拥有者都不遗余力地去争取。现行教育中的重点校问题、不平等的分数线问题,城市化偏向问题,很多都是利益驱动下的权力操作。这种权力保障的是个别人的利益,而不符合人人平等的教育原则,更枉谈爱的真、善、美之境界。政治体制的偏颇与不完善导致的爱与教育分离,只有在政治民主、平等、文明的全面进步中,能够彻底得到解决。但是,这的确需要漫长的时间。

二、哲学维度的考察

在《政治经济学批判》中,马克思以人的发展为指标,把人类社会发展分为三种基本形态,指出:"人的依赖关系(起初完全是自然发生的),是最初的社会形态,这种形态下,人的生产能力只是在狭隘的范围内和孤立的地点上发展着。以物的依赖性为基础的人的独立性,是第二大形态,在这种形态下,才形成普遍的社会物质交换,全面的关系,多方面的需求以及全面的能力体系。建立在个人全面发展和他们共同的社会生产能力成为他们的社会财富这一基础上的自由个性,是第三个阶段。第二个阶段为第三个阶段创造条件。"[①]市场经济条件下人的存在,就是"以物的依赖性为基础的人的独立性"的存在。这种"以物的依赖为基础的人的独立性"问题,对当代中国社会产生着巨大的影响和冲击,它使人们的生活经济化、商品化、市场化,使人们的价值观念和价值取向工具化、功利化,使人的精神荒漠化,使爱与教育的结合虚无化。

(一)科技理性的僭越和价值理性的迷失

"自20世纪末期以来,人类步入了一个理性至上、意义缺失、精神危机、社会生态失衡的特殊历史时期,'全球重大事件发生的节奏和频率加快,社会中各种时尚来去匆匆''价值观迅速漂移''家庭的上空始终笼罩着阴云'等,正是对这一历史的生动写照。"[②]借助于科技的发展,人们越

---

① 马克思.马克思恩格斯全集(第四十六卷〈上〉)[M].中共中央马克思恩格斯列宁斯大林著作编译局译.北京:人民出版社.1979.104.

② [美]内尔·诺丁斯.幸福与教育·译者序[M].龙宝新译.北京:教育科学出版社,2009.1.

来越全面而深入地认识自然、改造自然、利用自然,创造出日益丰富的物质财富,极大地满足了人们的物质追求和物质欲望。在科技发展所创造的辉煌成就面前,人们对其顶礼膜拜,将科学应用于人类的一切领域,认为科学技术能够解决人类的一切问题,产生科技至上的思想。毋庸置疑,现代科技为人类做出了突出的贡献,如创造了前所未有的物质财富,使长期困扰人类的饥饿和匮乏不再是不可避免的灾难,卫生技术和医学手段的进步大大提高了人们的医疗和健康水平,大众文化媒介的发展和信息交流手段的多样极大地丰富了人们的精神生活。然而,科技在造福于人类的同时,也可以用以残害人类;科技在创造辉煌的同时,并没有构筑起一个理想的天堂。两次世界大战和各种频繁发生的冷战和冲突,以及人类对自然界的破坏和掠夺所造成的自然对人类的报复,使科技理性从积极转化为消极,从解放人、发展人转化为统治人、束缚人的力量。科技的发展,无止境地向自然索取,使人类面临环境污染、生态失衡、物种灭绝、文化艺术商品化、人际交往功利化等困境和危机。并且,现代人在享受科技所带来的高度发达的物质财富的同时,自身却被异化了。

科技理性的僭越和价值理性的迷失,对现代人和现代社会产生的副作用是明显的。首先是社会机构及其成员的非人化。工厂里的工人只是生产机器过程中的一个螺丝钉,医院里的病人在大多数情况下被缩减为一个病床号,学校里的学生成为接受知识的容器。"它消灭任何它不能容纳的东西。人看来就要被它消化掉,成为达到某一目的的纯粹的手段,成为没有目的和意义的东西。"①其次是人与人之间感情的淡漠,爱与责任的缺失。"人口的激增使人类丧失了'普通的、发自内心的而且温暖无比的人类之爱'。"②丧失了人类之爱,人与人之间的感情关系也就无从谈起,整个社会也成为一个没有了真实情感、清除了激情表达的社会。人丧失了个性,丧失了激情,也就没有了批判性、创造性和超越性。"即使是面对自然的美景、各种的文化成就,人仍然是停留在疏离、无聊、挫折、恐

---

① 雅斯贝尔斯.时代的精神状况[M].上海:上海译文出版社,1997.71.
② 康拉德·洛伦茨.文明人类的八大罪孽[M].合肥:安徽文艺出版社,2000.29.

惧之中。"①

人作为一种精神性的存在,总需要有自己的精神家园。精神家园是人的生存根本,是人的终极目标,是人的价值方向和精神寄托。科技理性的僭越,使人们的目标和追求集中在对物的占有和对物的消费上,"物"成为衡量人的行为的唯一准则,人的精神世界和价值追求迷失了,成为只有"技术""理性",而无"人性"的专家。人陷入了迷茫和困惑之中,不知道"人是谁",找不到活着的意义,以至于弗洛姆发出"人死了"的慨叹!这里,"人死了"的意思是指人的精神生命,也就是价值生命的匮乏。"人在物质和技术的压抑下,也在物欲的冲击下,变成只讲物欲,不求精神;只顾现实,不讲将来;只按技术合理性行为,不要批判性和创造性,不求对终极价值的追索和生存意义的反思。"②科技理性代替了人性,人的精神世界、价值理性被放逐。正是在科技理性的霸权下,人们越来越关注的是现实世界、物质生产和物质消费,科技理性控制了人的思想和行为,"把思想简化为操作的程序和共同的符号,把语言清洗为逻辑化的、精确化的、单一性的人工语言,从而把多向度的思想变成单向度的思维模式,把多向度的语言变成单向度的话语方式。由于人们的话语方式也就是他们的思维方式和行为方式,单向度的语言也就构成了单向度的思想和单向度的行为,人也就成了单向度的人。"③在这个科技理性控制一切的时代,人的价值理性黯然失色,人本身也成了追逐科技进步的工具。

缺乏精神的人造就了缺乏精神的教育,迷失了价值理性也就失落了教育的精神价值。在科技理性的支配下,教育中的"人"变得支离破碎与模糊不清,清晰的只是代表着"科学性"的精确与逻辑。学校成为生产"建设者和接班人"的工厂,人的情感、思想、品德都得到精确的测量,所有人的命运都要由其符合科学检测标准的程度来计算。受教育的权利、机会,教育资源与教育结果,都按照科学的逻辑分为三六九等,对不同的

---

① [德]孙志文.现代人的焦虑和希望[M].陈永禹译.北京:生活·读书·新知三联书店,1994.69.

② 鲁洁.道德教育:一种超越[J].中国教育学刊,1994(6):2-8.

③ 孙正聿,李璐玮.现代教养[M].长春:吉林教育出版社,1996.108-109.

人给予不同的待遇。这正如刘铁芳所说："当前教育的深层问题,实在与现代中国教育至于今日依然未有融入肌体、扎根实际的稳定的思想谱系于厚实的精神资源,以及与之相应的制度保障有关。在这种背景下,无论何种改革,都很难动教育痼疾之筋骨,改革的呼声日益高涨而问题依旧存在。现实的教育如墙上之苇,左右飘摇,貌似风光无限而精神之基终究疏浅。正因为如此,我们必须从教育的根本问题出发,反思我们的教育实践方式,探寻教育的真精神。"①由此看来,科技理性的僭越和价值理性的迷失,成就了当代教育缺少精神、缺乏爱与责任的现状。教育爱的主体正如实证主义者一样,"不想高谈阔论,而是要求知识;不想沉思意义,而是要求灵活的行动;不是感情,而是客观性;不是研究神秘的作用力,而是要清晰地确定事实。"②教育的价值取向发生了重大的偏移,从人生意义的探寻转向科学事实的发现,学校从培养人的家园变成禁锢人的场地。正如黑格尔的著名断语:"太忙碌于现实,太骛驰于外界",这应该也是对当代教育的真实写照。

(二)功利主义的戕害与教育的工具化

20世纪80年代以来,中国进入了改革开放的历史新时期,改革开放以及社会主义市场经济新体制的确立,给整个中国社会带来了新的变化。市场经济体制下的人,不再依附于生物的血缘关系,也不再赖以群体的形式存在,成为"以物的依赖性为基础的人的独立性"的存在,个人对物的追逐和崇拜达到了空前的高度。对物的过分追逐与盲目崇拜,使人不能充分理性地认识到自己所创造的物的意义与价值,把物作为自己价值的替代品,物成为人的行为统治者,人衍生出金钱拜物的思想,整个社会也陷入了"拜物教"的潮流中。当人把物作为自己价值的替代品,把对物的占有作为自我的行动目的,人就已经变成为一个纯粹的功利主义者。

"功利主义把在实际上可感到、可得到的事物认作有道德价值、并认其为生活目的的学说。所以功利主义者,所要求的是看得见、摸得着的东

---

① 刘铁芳.回到教育原点——时代冲突中的教育理念[M].上海:华东师范大学出版社,2006.

1.

② 雅斯贝尔斯.时代的精神状况[M].上海:上海译文出版社,1997.40.

西。这类东西,大体可以分为四种:第一是快感或快乐,第二是财货和金钱,第三是名誉,第四是权利和权力。凡追求四者中的任何一个或一个以上的人,都可以概括的称为功利主义者。"①因此,功利主义在经济与伦理的关系上,以利益为第一性,伦理为第二性,"利"重于或高于"义","义"作为"利"的工具,是为了实现"交相利"的目的。在功利主义支配下的价值选择,常常是重物质需要,轻精神需要;重眼前利益,轻长远利益。功利主义在不同国度的不同历史时期都有所体现,但是在发展市场经济的当代中国,功利主义来势汹汹,成为一股不可阻挡的洪流,席卷了中国社会的各个领域,其中教育也未能幸免。

功利主义潮流漫延到教育领域,其典型危害就是教育的功利化和工具化。"百年大计,教育为本",原是对教育地位的极致表达,但细细品味,其中却蕴含着浓厚的将教育作为实现"百年大计"之工具的味道。有用则成为国家、社会、个人衡量教育的唯一标准。教育地位的提高,人们对教育的日益重视,都是因为教育对国家、对社会、对个人有用。由于功利主义的戕害所导致的教育工具化,使教育背离其本真的宗旨和要义,爱在教育中没有了栖身之地,教育成为社会发展的工具。教育决策者在制定教育方针、教育政策时,优先考虑的是教育的政治功能、经济功能,追求的是教育对社会政治需要、经济生产和物质利益的满足,而教育本身的价值,教育在发展人自身方面的价值和需求则被有意无意地忽略了。我们看到了教育从纯粹的消费事业成长为新的经济增长点,从社会的边缘置身于社会的中心。这说明教育的地位明显地提高了,但我们同时也必须清醒地听到这样的忠告:"被提高的只是教育的工具性作用,被看好的只是教育所带来的经济效益及个人社会地位的提升。除此之外,教育便没有了立足之地,没有了任何发言权,没有了理论的依据。"②在此情况下,受教育的权利并不等于受教育的机会,穷人和富人、城市和乡村孩子的受教育情况有了质的差别。学校作为教育方针、教育政策的执行机构,在功利主义的戕害下,也偏离了自有的轨道,淡忘其本真的职能,成为教育工

---

① 贺麟. 文化与人生[M]. 北京:商务印书馆,1998.206.

② 郝德永.课程与文化:一个后现代的检视[M].北京:教育科学出版社,2002.265.

具化的帮凶。在培养目标上,强调按照国家和社会需要的标准和规格进行,限制和压抑学生的个性和创新意识;在课程设置上,偏重于实用的理工科的知识技能,忽视学生人文精神和人文素质的培养;在教育教学方式方法上,追求现代化的教学手段,贬低教师对学生人生观、价值观的启蒙教育以及对学生人格品质的陶冶教育。当然教育的功利主义,不为中国所独有,从日本学者池田大作与汤因比的对话中可见其端倪。"现代教育陷入了功利主义,这是可悲的事情。这种风气带来了两个弊端,一个是学问成了政治和经济的工具,失掉了本来应有的主动性,因而也失去了尊严性。另一个是以为唯有实利的知识和技术才有价值,所以做这种学问的人都成了知识和技术的奴隶。因此产生的结果是人类尊严的丧失。"①

功利化教育的另一个表现就是把人培养成政治、经济需要的工具,以使"做这种学问的人都成了知识和技术的奴隶"。在这种教育中,学生不是被当作"人"而是被当作"器"、当作"材"来教育,"教育中手段的目的化和形式主义倾向"使"教材成了目的""教育方法成了目的""分数成了目的""作业成了目的""管理成了目的"等②,唯独学生这个教育中真正的主体在教育目的中被遗忘!这种教育把学生当作要加工的零件,无视学生的需要和权利,压抑学生的个性自由和思想自由,对学生进行全盘的操纵和控制。教育成为制造劳动者的机器,学校成为人力资本的加工厂,学生被塑造成追求物质利益的人。这种教育最大的危害就在于它牺牲学生健全的人格,健康的心态,以及对社会的责任与对他人的爱,专在技能上、智力上进行强化训练。金生鈜教授对此无比痛心地指出:"现代人,不论是你我,不论是教师还是学生,都沉迷在自我中难以自拔,爱中所包含的渴望完满的超越精神已经被遗失恒久了,教育中已经没有了爱。"③

(三)主体性与教育中的主客对立

"主体"(英文 subject)一词,来自拉丁文"subjectum",意思是指"在

① [英]A·J汤因比,[日]池田大作.展望二十一世纪——汤因比与池田大作对话录[M].苟春生等译.北京:国际文化出版社,1985.61.

② 刘次林.幸福教育论[M].北京:人民教育出版社,2003.88 - 101.

③ 金生鈜.规训与教化[M].北京:教育科学出版社,2004.366.

前面的东西"。主体性,一言以蔽之,也就是主体的本性或属性,是人之为主体的核心品质。哲学中的主体是与客体相对而言的,一般来说,主体是人,客体可以是人,也可以是自然、物等其他的东西。主体性则是主体与客体发生关系时,主体把自身的意志、力量强加给客体所表现出来的积极性、主动性、能动性和占有性,是主体对客体的认识、了解、征服、占有,以及利用等。

主体性问题是西方哲学的中心话语,西方的主体性,以笛卡尔的"我思,故我在"(ego cogito, ego sum)命题的提出为主要标志。也正是笛卡尔,确定了理性和自我的独立地位,揭开了高扬人的主体性的序幕,宣告了近代主体性原则的真正到来,人的地位也开始在西方哲学中被凸显。"如果说主体的觉醒是与笛卡尔联系在一起的,那么,主体性原则的最终确立和完全阐明则与另一个伟大的名字联系在一起,他就是伊曼努尔·康德。"①德国古典哲学家康德,把人的主体性上升到"人为自然界立法"的高度,提出了"人是目的本身而不是手段"的著名论断,从而真正确立了人的主体性地位。最早发现主体性原则在现代性中核心地位的是黑格尔,他认为主体性有四方面的特征:一是被释放了的个人主义,二是批判的权利,三是行动自主性(行为自律),四是理念化的哲学本身。②从黑格尔之后,主体性确立了自己在西方文化中的中心位置,成为认识自然、征服自然的理性主体和具有包容一切的自由主体。主体性的张扬,使人类对自然和世界的改造达到了前所未有的程度,人生活在一个完全由自我主体所创造的世界里。人在发挥主体性的同时,不断地认识世界、改造世界并控制世界,利用一切可以利用的东西为自我服务。但是,主体性的过度扩张,也产生了许多负面效应,如人与自然、与社会、与他人、与自我的对立和分离。正如海德格尔所说:"作为一般主体,人乃是自我(ego)的心灵活动(co - agitatio)。人把自身建立为一切尺度的尺度,即人们据以测度和测量(计算)什么能被看作确定的——也即真实的或存在着

---

① 张志伟,欧阳谦.西方哲学智慧[M].北京:中国人民大学出版社,2000.81 - 82.

② 孙庆斌.勒维纳斯:为他人的伦理诉求[M].哈尔滨:黑龙江大学出版社,2009.162.

的——东西的那一切尺度的尺度。"①这时的主体性已演变成了自我中心主义。因此,20世纪以来,西方后现代主义哲学家开始了"消解人的主体性"的工作,把"主体间性"作为超越和改造主体性的重要武器,主体性逐渐走向没落和黄昏。

"我们认为,主体性是一种现代的观念,它以人的力量反映着人的自我解放和对自由的追求,是人走出依附关系的必然。主体性的危机不在于主体性本身的错误,而在于对主体性的不正确理解。"②也正是这种"对主体性的不正确理解",导致了现代性中主客关系对立的主体性。现代教育过程,无论是宏观层面还是微观层面,都反映着这种主客关系,即"主体——客体"两极对立的模式。在这种教育模式中,主体是教育工作者,当然包括教育决策者、教育组织者、教育实施者,客体则是学生(受教育者),教育过程是教育工作者认识、改造、控制受教育者(学生)的过程。现代教育中对学生关心、责任、尊重、公平的缺失或偏离,都与主——客关系中把学生当作纯粹的客体,而教育者自己则全方位地发挥其主体性作用有直接的关系。教育者根据自己的意愿或意志(甚至私心),培养和塑造学生(受教育者)。宏观上,对学生进行指挥和安排;微观上,对学生进行训练和控制。教育者和受教育者之间就是一种指挥与被指挥、控制与被控制的关系。

诚然,人们已经认识到了教育过程中主客关系问题的重要性和严峻性,并就此展开了理论上的讨论和实践上的革新,经历了从"教师主体""学生主体","教师学生双主体"到"教师主导、学生主体"的一系列演变。其目的是重塑学生的主体地位,同时也不忘重视教师的主体性,但是教育过程中的主体性问题仍未得到彻底解决。首先,理论和实践中只注意到了教学过程中的主体性问题,也就是教师和学生谁为主体谁为客体的问题。实际上,教育中的主客对立还包括教育决策者、教育组织者对受教育者(学生)的操纵和控制,他们把自己的目的、意识和能力等作用于自认为的客体——学生,不考虑并且自认为无须考虑学生的需求及感受。

---

① 海德格尔.海德格尔选集(下)[M].孙周兴选编.上海:上海三联书店,1996.920.

② 冯建军.生命与教育[M].北京:教育科学出版社,2004.78.

这使教育场域中缺少了爱的沐浴与滋润,成了一个控制场。即使是在教学过程中,学生的主体性也未能真正发挥,依然是以教师为中心的模式。甚至有些教师对主体性教育的理解和实施进入了误区,认为教师少讲、学生多练,教师少管、学生自主就是主体性教育。柳海民教授则说:"教育活动是一种人与人的交往活动,这种交往是由具有多元差异的主体性或主体间性构成的,交往实践的结构模式是'主——客'和'主——主'双重关系的综合,不存在纯粹的主体或客体,每个人都是主体,都是在主动、自主、创造的情境下与对方进行交流、对话、沟通、理解与提升,并且,只有在这种情境下,有效的、合理的交往才真正成为现实。"[①]也只有在这种情境下,教育中才能飘散着爱的馨香与芬芳。所以,对主体性的误读和教育中的主客对立,也是爱与教育分离的重要原因,我们应该真正以"人"的方式看待教育中的受教育者,把他人(受教育者)当作教育哲学中的第一问题,为教育中的主体性正名,为教育爱正名,为爱与教育的关系正名!

三、教育自身的追问

从教育内部考察,可以发现,教育自身也有着致使爱与教育相背离的力量和因素。如传统的教育目的观和教育功能观、当代中国备受争议的应试教育以及教师素质和地位等,都对中国教育产生了深刻影响,其中若出现不利的因素,也会使爱的思想和行为在教育中弱化甚至遗失。

(一)负面教育观的影响和制约

教育观是对教育的观点、看法、主张和评价标准等,一般以观念的形式存在于教育工作者或其他社会成员的头脑中,教育观影响着人们的教育决策和教育行为。我国传统教育中,有许多促进教育发展,尊重受教育者成长规律的教育观,但也有一些传统教育观与教育爱的品性不相契合。

---

① 柳海民.教育原理[M].长春:东北师范大学出版社,2006.534.

1."社会本位论"——教育目的观的错位

就个人发展和社会发展的关系而言,中外教育史上林林总总的教育目的可以归结为两种不同的教育目的观:一种是个人本位的教育目的观,另一种是社会本位的教育目的观。"个人本位论强调从个人自身的发展出发来规定教育目的,认为教育应当把促进个人个性的发展作为自己的目的。"①所以说,个人本位的教育目的论,认为教育目的的设定是不应该把国家和社会的需要放在第一位的,应该更多地尊重儿童的个性,关心儿童的发展需要。"社会本位论则强调从社会的需要出发来规定教育的目的,认为教育应当把培养符合一定社会准则的人,使教育者社会化,保证社会生活的稳定与延续作为自己的目的。"②因此这种教育目的观与个人本位的教育目的观正好相反,认为国家和社会的需要是第一位的,儿童的发展需要是第二位的,儿童的发展应该服从于国家与社会的需要。

我国长期以来倡导的就是教育的社会本位观。如周恩来总理在学生时代就曾经立下"为中华之崛起而读书"的宏伟壮志,这也成为以后无数中华儿女所追奉的信仰。后来,还有"为中华民族的伟大复兴而读书""为全人类的解放而读书"等,都是教育社会本位论的产物。当然,随着社会的发展,人们思想观念的变化,现在更多的人对于为什么而读书的问题有了更多的个人的见解,开始出现了"为追求个人的自由和幸福而读书","为找一份好工作而读书","为将来有更好的生活而读书",甚至出现了"读书为赚钱娶美女"的言论等。但是,这种变化仅仅是私人之间的谈话或者是非正式场合的思想表达。如果遇到比较正式的场合,在比较权威的人物面前,或者是考试、写文章等,对于为什么而读书的问题,人们的回答可能就会与上述各种答案截然相反,为"社会和谐而读书""为祖国富强而读书""为人类解放而读书"等高谈阔论还是会流于笔端或溢于言表的。那么,为什么会出现这种表里不一、口是心非的怪诞现象呢?这应该是我国长期以来所倡导的社会本位论在人们思想中所播下的不可磨灭的火种,只是需要的时候就会马上点燃,以迎合社会的需要。所以说,

---

① 黄济,王策三.现代教育论[M].北京:人民教育出版社,1996.222.

② 黄济,王策三.现代教育论[M].北京:人民教育出版社,1996.223.

社会本位论的教育观在我国影响很深,并且已与个人的发展需要和发展取向发生了一定的冲突,成为人们口头上坚持,行动上给予否定的一种观点。

这正如鲁洁教授所说:"我国教育长期以来所依据的是一种社会本位论的社会哲学……这种社会观中的'社会'只是一种人的生活之外的主观的抽象预设,然而,人们却以此作为本体和起点来展开对于人的逻辑论证。在这种论证中个人的只能是绝对服从于社会;人在社会中是微不足道的,只能听任社会的摆布,个人在现实中是不存在的,只能凭借社会而获得他的在场权;人是与'社会'相对立的,个人的利益和目的是与社会相矛盾的;人只能是被控制的,社会具有压倒优势和绝对支配地位。"[①]因此在这种社会观统治下的教育观,是把社会的价值放在至高无上的地位,而个人在教育中则是无足轻重、微不足道的。教育及其培养的人都要反映社会的要求,使人按照社会所通行的标准、规格和要求来塑造和发展自己。因此社会发展的需要成为主宰,个人发展的需要降到了从属的地位。当然,今天的理论界已很少有人对于教育目的的社会本位论和个人本位论持针锋相对的态度,单单坚持个人本位观或纯粹支持社会本位观。但在教育工作的具体实施中,从社会的角度看待教育却并没有被触动或得到根本的改变。教育决策中考虑的是社会政治需要和经济利益,教育实施中也是按照既有的社会规定性去培养人。"因而整个教育成了复制'人才'的机器,学生成了'流水线'上的被动接受'组装'的'产品部件',学生鲜活的个性、主动性和创造性,学生自主的目的性追求等等一切的一切在'奥卡姆剃刀'下被修剪得整整齐齐了。"[②]这只是社会本位观所导致的教育现场之一瞥,其所导致的爱与教育分离现象远远不止这些。在社会本位观的影响和作用下,教育中的关心弥漫着功利主义的味道,存在着真诚的欠缺;对于学生的责任感也不那么纯粹,是建立在为社会或国家培养人才的前提下的;教育中不尊重学生的主体地位、对学生的控制和体罚

---

① 鲁洁.教育的原点:育人[J].华东师范大学学报(教育科学版),2008(12):15-22.

② 颜建军.教育爱的失落——师生关系中反和谐的病理分析[J].全球教育展望,2004(6):51-52.

等事件常有发生;还有形形色色的教育不公平现象的存在!这些都是教育爱缺乏的表现,而其产生的原因,是与"社会本位论"的教育目的观有直接关系的。

所以说,"社会本位"的教育实际上使人成为社会的标准件,成为社会的工具和附庸,不是促进人的发展,而是压制人的发展。此种教育目的观既背离了培养人的教育本质,也导致了教育中爱的流失。这样的教育所产生的后果是令人难堪的,请看《杞人忧师》中所描述的一部电视剧的情节,便足以说明上述问题。

"一个老师在黑板上画一个圆,问这个圆像什么?"

"幼儿园里的孩子讲出了几十种;小学生讲出十几种;中学生讲出八九种;大学生讲出两三种;社会上的人们(包括局级干部)一种也讲不出,因为不敢讲。"①

此情此景我们都会有些似曾相识,受的教育越多越不敢说,总是考虑是否会说错,担心说出来的答案是否会让老师和领导满意。这就是"社会本位"教育的结局——把人培养成为不敢想不敢说的人,以致成为社会中的标准件。

2. 单纯的"服务"导向——教育功能观的偏差

教育无论对社会还是对个人均具有巨大的作用,所以历代的教育家都十分注重对教育功能的研究,形成了各具特色的教育功能观。柳海民教授对教育功能的界定和研究②很有参考价值。他把教育功能分为教育的本体功能与社会功能。教育的本体功能又可称为教育的职能,是教育自身直接具有的职责和能力;教育的社会功能也就是教育的作用,即教育通过自身职能的充分调动和履行而对社会产生的一种功效。教育的本体功能大家都有比较一致的认同,如人的培养、人类精神文明的传递与继承、经验和人才的选择等。但是,人们更为关心和关注的是教育的社会功能,也就是教育的作用,并有把教育功能仅仅理解为教育的社会功能,且有将教育的社会功能泛化的倾向。这种将教育的功能仅仅理解为教育的

① 鄢烈山,何保胜编.杞人忧师:拯救中国教育[M].北京:中华工商联合出版社,1999.149.

② 柳海民.教育原理[M].长春:东北师范大学出版社,2006.167.

社会功能,并且将教育的社会功能泛化,而忽略教育的本体功能的倾向,实际上也就是教育功能观上的偏差——单纯的"服务"导向,单纯主张教育为社会其他工作或部门服务。这种单纯的"服务"导向把教育本身放在了一个辅助或从属的位置,这势必会削弱人们对教育本体功能的认识和重视,影响教育中人的培养和对受教育者的爱与重视,从而使教育迷失了自身的价值和意义。

这种将教育的功能社会化并泛化的倾向是有着深刻的历史渊源的。从教育发展的历史来看,中国和外国都曾有过将教育的社会功能演变成为要教育为社会服务的思想和做法,从教育为军事服务到为政治服务、为经济服务,在不同国家的不同发展阶段都曾存在过。如古希腊最伟大的哲学家之一柏拉图的著作《理想国》:"可以说是西方哲学史上由哲学家撰写的第一部系统的治国计划和纲领。"①《理想国》一书在对理念、公道、正义、善、理想的国家和完善的个人品德等问题进行了探讨以后,很自然地进入了教育问题,他将教育作为实现他的理想国的唯一途径,教育的任务就是培养哲学家和军人。无独有偶,早在春秋战国时期,我国最早的教育专著《学记》,也提出了"建国君民,教学为先","君子如欲化民成俗,其必由学乎"②的思想,这种思想一方面说明了教育具有"建国君民""化民成俗"的政治功能,另一方面也鲜明地体现了作者将教育作为为社会政治服务的重要工具和手段。

在古代的西方社会,不仅重视教育的政治功能,而且极其重视教育的军事功能,教育也成为为军事服务的重要手段,其中最为典型的就是斯巴达的教育。斯巴达城邦的统治阶级有3万人,为外来的征服者斯巴达人,城邦内另有当地被征服的土著人30万,还有少数被称为"周围居民"的皮里阿西人。由于斯巴达这样的阶级关系和人数对比,使斯巴达人非常没有安全感,惧怕奴隶起来造反。这样一来,斯巴达就将保持自己地位的办法诉诸教育,斯巴达的教育内容为军事体育内容,教育目的为培养军人。在斯巴达,7—18岁的男孩集中住在一个公共场所,接受单调而艰苦

---

① 张志平.西方哲学十二讲[M].重庆:重庆出版社,2008.31.
② 傅任敢.《学记》译述[M].上海:上海教育出版社,1982.5.

的军事训练;18岁时,在神庙祭坛上当众接受鞭打考验;20—30岁的男青年,被派到边境驻扎,参加实际战斗。斯巴达的教育,从训练军人的角度来说是成功的,但他们的教育不重视文化知识等其他多方面的内容,对青少年进行严酷的军事训练,不利于国家的长远发展(后来斯巴达被马其顿吞并),而且对于青少年是一种摧残和折磨,这种教育是没有爱的教育。将教育的政治功能和军事功能发挥到极致的更有美国这样的发达国家。1957年,苏联人造卫星发射成功的消息传到美国,在美国引起了极大的震动。为对抗苏联人造卫星的发射挑战,取得在世界科技竞赛的领先地位,1958年9月2日,时任总统艾森豪威尔亲自批准颁布实施《国防教育法》,并指出这是保证美国安全的紧急措施。1982年,美国国会又讨论并补充了《国防教育法》,目的是应付来自日本、西德等国在科技、贸易,以及苏联在空间技术、战略武器方面的"新挑战"。《国防教育法》作为二战后美国第一个大的教育法案,前面冠以"国防"二字,一针见血地说明了美国当局对这次教育改革的重视,其实也是对教育政治功能、军事功能、国防功能的重视,这是一个培养人才的法案,更是一个为国家服务的法案。

教育史上过度重视和利用教育的经济功能,致使教育经济化的案例也不在少数。"早在17世纪,资产阶级经济学家威廉·配第已经认识到'有生命的资本'的货币价值,18世纪的英国古典经济学家亚当·斯密在其《国富论》中把人的经验、知识和能力看作是国民财富的重要内容和发展生产的重要因素,指出了教育和训练的经济意义。"①19世纪迅速崛起的日本,就是认识到了教育可以带动经济增长,从而倡导教育先行并获得成功的典型。进入20世纪以来,整个社会经济的发展达到了前所未有的程度,人们对经济进一步发展的要求也是对技术革命的要求,这使教育的经济功能进一步凸显,"知识经济"成为一个时代的选择,这既彰显了知识的地位,又表明了教育功能的经济化程度。

在教育的社会功能被充分利用甚至过度利用的历史传统影响下,人

---

① 吴亚林.价值与教育[D].[博士学位论文].武汉:华中师范大学,2006.58.

们对教育本体功能的认识和重视逐渐淡化,开始习惯于从社会需要的角度来认识教育的功能和价值。当社会出现政治问题时,即求助于教育的政治功能,教育必须为政治服务。当国家发展的重心转到经济建设上来,又开始重视教育的经济和科技功能,教育一改其"消费性事业"的地位,成为促进经济发展、振兴国家的基础和前提。我国的"教育市场化""教育产业化"论调的提出,可以说是教育的经济功能真正成了被过度消费的产物。

教育功能观的偏差,即是对教育社会功能的过度依赖和重视,以至于使教育沦为为社会服务的工具,教育工作者所关心和关注的是社会的需要,而不是学生的幸福,从而失去了教育爱的精神和本质。当然,也有有良知的学者发出"为教育服务"的呼唤,提出要"积极主动地为教育多办实事,诸如一定要解决好筹集和不断增加教育经费问题,解决好学生和教师的流失问题,解决好教育教学设备简陋和校舍改造问题,解决好提高教师的待遇和素质问题,解决好学校育人所需要的良好社会环境问题,解决好不断地全面提高教育质量和社会效益问题,等等"[①]。但是,十几年过去了,问题不但没有彻底解决,反而教育的"服务"导向愈演愈烈,因此,"为教育服务"的呼声仍需进一步高扬!

(二)应试教育的尴尬与无奈

"应试教育",即"应试 + 教育"。"应试",就是应付各种考试;"应试教育",顾名思义,就是以应付各种考试为目的的教育行为或教育倾向。应试教育是对当代中国教育特别是中国基础教育现状的描述,由于其"以升学为中心,以应试为目的,以淘汰多数学生为代价,以片面追求升学率为标准"[②],以分数和成绩来衡量学生的水平,决定学生的发展和命运,所以在教育过程中往往脱离社会发展需要,违背学生的发展规律,侵犯学生的合法权益,从而造成了爱与教育的分离。所以说,应试教育已成为人们心中无法医治的痛,甚至许多人把应试教育当成洪水猛兽,把教育

---

① 王逢贤.优教与忧思[M].北京:人民教育出版社,2004.171.

② 林崇德.教育的智慧:写给中小学教师[M].北京:开明出版社,1999.260.

中的一切问题都归咎于应试教育。应试教育的存在是尴尬的，但它又是无奈的，无论是政府官员的屡禁不止、学校教育工作者的摇头叹息、家长的痛心疾首、还是学生的深恶痛绝，但最终人们还是对应试教育趋之若鹜，别无选择。

应试教育的出现并不仅仅是当代的事。中国是考试的故乡，从两汉时期的"察举制"，魏晋南北时期的"九品中正制"，到隋唐时朝的"科举制"，标明了中国古代选仕制度的发展轨迹，也显示了我国对于选拔人才的重视。特别是科举制，作为通过考试选拔人才的一种客观手段，自隋朝产生以后，经过唐代的发展，宋、元、明、清的演变，直到1905年废除，在中国历史上存在了1300多年，为中国社会做出了不可磨灭的历史贡献。科举制对中国封建社会的影响是积极的，但同时也给中国留下了"学而优则仕""读书做官"的种种功利主义教育思想。应试教育，在科举制时期也已悄然上演。"学校成为科举考试的预备机构，一切教学活动都围绕着科举考试来进行，学校失去了相对独立的地位和作用，完全成为科举考试的附庸。"①特别是在明、清两代时期，科举制演变为"八股取士"，扭曲了学风，窒息了教育的健康发展，危害了几代人。新中国成立后，毛泽东在1953年、1957年、1964年多次针对应试教育给学生带来的危害发表过重要指示，要求改革这种教育。但是在中国恢复高考制度后，再次复归到"应试教育"的老路上。教育部多次发布通知或规定，要求学校要全面贯彻党的教育方针，纠正"片面追求升学率"，减轻学生的学业负担。但一直收效甚微，以致使"应试教育"成为中国基础教育发展中的一个"顽症"。

其实，有教育就有人才的培养，有人才的培养就有人才的选拔，有人才的选拔就有考试，有考试就有应试，所以应试本来就是教育的一个组成部分。这本无可厚非。但是，应试一旦畸变为占据教育的太多甚至全部空间的时候，教育就失去了其本身的状态和意义，成为一切为了考试的教育，这也就是"应试教育"成为当代中国基础教育代名词的根本原因。我

---

① 孙培青主编. 中国教育史[M]. 上海：华东师范大学出版社，1992.297.

国当前的应试教育中要应的就是"高考",也就是高等教育入学考试。由于通过高考,进入大学的殿堂,就有机会进一步发挥个人的才能和智慧,从而在社会中获得较高的政治和经济地位,所以人们都对高考情有独钟,孤注一掷。高考作为选拔人才的考试并不可怕,可怕的是教育围绕着高考进行,变成唯考试主义的教育。这种应试教育偏离国家的教育方针,以片面的教育培养片面发展的人,具体表现是以应付考试为主要目标,以要考的科目重点教,要考的内容反复教为主要手段;按照高考的要求设置教学科目,选择讲授内容,安排教师和设计教学活动;高考考什么,教师就教什么;高考怎么考,教师就怎么教。教育行政部门、学校、教师追求的唯一目标,就是高考升学率。

尤其可怕的是,中国当前的应试教育不仅在高中阶段存在,而且已延伸到了初中和小学,甚至幼儿园阶段。儿童从一入学开始,就在老师的教导下为十几年后将要参加的高考而准备。也就是说应试教育已不仅是应高考之试,为了高考的最后胜利,高考之下一层较大的考试还有初中升高中的中考,小学升初中的小升初考试。除此之外,学生每学期、每学年都要参加许多大大小小的各类考试,如周考、月考、期中考、期末考、抽考、会考、统考、模拟考、摸底考……这正如学生时代大家都比较熟悉的一句流行话:"分分分,学生的命根;考考考,老师的法宝。""应试教育迫使教师关心的是如何考高分,关心的是应试能力,他不关心其他能力甚至排斥其他能力,在这种压力下,教师自然而然地会把爱的天平倾向那些智力高、学习能力强、经过训练就能出好成绩的学生,也自然把牺牲学生的全面发展和兴趣特长,加班加点给学生补习当作对学生的爱。"①这种教育以牺牲师生的幸福为代价,导致师生关系也处于一种紧张甚至敌对的状态。

应试教育把应试作为唯一的或主要的目标和追求,违背了教育的特点和规律,把中国基础教育引入了误区,其弊端和所造成的消极影响是显而易见的。由于应试教育是从考试这一角度出发而设计教育活动的,所以知识教学成为教育的主要内容,但这种知识只是采取强化训练方式让

---

① 王颖. 师爱误区与对策研究[D]:[硕士学位论文].济南:山东师范大学,2006.18.

学生接受的课本范围内的知识,不强调知识的广度,只强调知识的熟悉度,最后造成学生的知识面狭窄、高分低能。在以分数、升学率为评价教师工作质量的评价体制下,教师也在应试教育中迷失了自己。为了在追求高分数和高升学率的竞争中获胜,教师可谓是煞费苦心。最为常见的做法就是在教学中的过度施压,造成学生作业量过大,挤占了学生必不可少的游戏时间和体育锻炼时间,连正常的星期日和假期也得不到休息。"名师",一直是中国的学生和家长心中最美好的师者形象,如陶行知、魏书生、李镇西、李吉林等人,可以算得上教师中的典范。但是在应试教育模式下,中国也涌现出了一批"怪异的名师",这些名师不是有先进的教育理念或教学方法,也不是以苏霍姆林斯基式的爱而著称。这些所谓的名师,是其所任教的班级在考试中成绩排名第一,或者是培养出了几个中考、高考状元。但这些名师成绩的取得,都是以牺牲学生的休息时间、兴趣爱好、个人发展需要为代价的,是踩着一摞一摞复习资料和试卷走向名师之列的。应试教育涌现了所谓的名师,也催生了新时代的名校,即是各省市的重点校,实际上也就是升学率高的学校,这类名校也是在"狠榨学生的智慧之油"①的基础上产生的。有了名校和重点校,择校随之而来。这一切,都让爱与教育之间的关系变得陌生而遥远。无论是名师还是名校,他们的目标和重点都是高分学生,而基础教育应该是促进全体学生全面发展的教育,所以应试教育违背了教育平等的原则,在此种教育中谈教育爱是令人尴尬的。

应试教育扭曲了中国教育,扭曲了学生的发展。学校置大多数学生于不顾,只关注少数尖子生。教师只关注学生应试能力的发展,丢掉了学生综合素质的养成。但是,自从中国恢复高考制度几十年来,应试教育培养了无数优秀的大学生,包括今天应试教育的批判者,也是在应试教育的培养下成长起来的。所以,应试教育的存在,加剧了爱与教育分离。这是令人尴尬的,但这也是当前中国教育一种无奈的选择。

---

① 即指把学生的智慧之油撒在课本、题海上,猛烈燃烧,并且加上大量的时间保证,恨不得把学生的油抽净熬干,学生高考完了,智慧和灵性也就到了崩溃的边缘。

(三)教师素质和地位的影响

教师是教育爱的重要主体。在教育过程中,教师是与学生接触最为密切、最为频繁的人。所以,教师的素质、教师在教育中的地位等,是教育爱存在与否以及实现程度的重要前提和保证。从教师的角度分析,爱与教育分离主要是受以下几方面因素的影响。

首先,教师存在不正确的信仰和追求。台湾教育家高震东先生在其著作的扉页上写道:爱自己的孩子是人;爱别人的孩子是神①。也就是说,教师对自己孩子的爱是建立在血缘关系上的人的本能性的行为,然而教师对学生的爱却是教师的师德、师魂,是教师的一种信仰和精神追求。在教育过程中,教师存在着许多不正确的信仰和追求,这直接影响了教育爱的实现。如许多教师信奉"听话的孩子就是好孩子",所以,在教育过程中,听老师的话、按老师的要求去做的学生就得到老师更多的关心和照顾,赢得老师更多的赞赏和鼓励,这实际上是教育中的偏爱。这种教师对学生有差等的爱影响了教育公平,也不利于良好师生关系的建立。除了不正确的学生观,有的教师还存在着不正确的人才观,如分数至上、片面智能的信仰和追求也是现在大多数教师的选择。由于对分数的重视,势必会影响教师对学生的关注和爱,造成教育中的只见分数不见人;另外片面追求学生的智能,也使教师忽视了学生的德智体美全面发展、个性发展以及多样化的人生追求。

其次,教师自身的素质不完善。教师素质是指教师为了完成教育工作所需具备的条件和品质,是教师完成教育工作的重要基础和条件,也对教育爱的实现与否产生重要影响。教师素质包括教师的品质、教师的专业素质、教师的工作方法等。其中教师品质的好坏对教育爱的影响最大。研究者(Reilly,1983)对大学生进行了调查,发现最好的教师与最差的教师在以下15项特征上有重要差别,参见下表②内容。

---

① 林崇德.教育的智慧:写给中小学教师[M].北京:开明出版社,1999.36.

② 陈琦,刘儒敏.当代教育心理学[M].北京:北京师范大学出版社,2007.80.

好教师与差教师的品质

最好的教师	最坏的教师
严肃认真	不喜欢教学
耐心	消极
灵活	刻板
好的素养	喜怒无常、易变、过敏
关怀、助人	过度地批判
高期望	冷淡、不受个人情感影响的
对学生很友好	对学生不友好
公正、诚实	不公平
一致	缺乏素养
把学生看成许多个人	教室中形成"坏的感情"如，内疚、怕、嫉妒、不满、发怒
热情、喜欢教学	呆板、厌烦
理解	分心的习惯
关于组织	惩罚性的
幽默感	对学生缺乏信任(不信任学生)
在学科上知识渊博	在学科上无知

　　虽然我们都期望教育中更多"好教师"的出现，但是我们也实在无法避免教师队伍里有上表右侧所列品质"差教师"的存在。这些教师存在的原因可能是多方面的，我们不在这里一一探究，但这些"差教师"的品质实在与爱相去甚远，因此"差教师"的存在的确是爱与教育分离的重要致因。

　　再次，造成教育爱缺失的原因是教师的职业倦怠。"职业倦怠是由美国临床心理学家费登伯格(Freudenbeger)于1974年首次提出的，也有人译为'职业枯竭'或'工作耗竭'。教师职业倦怠是用来描述教师不能顺利应对工作压力时的一种极端反应，是教师在长时期压力体验下而产生的情感、态度和行为的衰竭状态。"①在社会快速发展的今天,国家和人民对教育寄予了很高的期望,对教育的期望实际上也是对教师的期望。在社会各方面对教师的高期望、高要求下,教师的工作压力、精神压力逐渐加大。并且,教师的工作任务繁重,中小学教师忙于应试教育,大学教师背负教学和科研两座大山,这一切迫使教师处于高负荷的运转中。天长日久,极易使教师生理和心理疲劳,从而不堪重负。除了繁忙的教学任务,在教育工作中教师还要处理与领导之间、与同事之间、与家长和学生之间的各种关系。特别是在学生中间,教师既要树立权威又要成为学生的朋友,想要给予学生充足而智慧的爱,却常常感到力不从心。社会的高期望与工作的高负荷,使教师的职业倦怠问题不可小视。"据《竞报》报道,由中国人民大学公共管理学院组织与人力资源研究所对近9000名教师进行的职业压力和心理健康调查结果显示,82.2%的教师感觉压力大,10个教师3个倦怠工作。"②教师产生职业倦怠,就会对工作失去信心、热情和创造精神,一切只是在惯性的轨道上滑行,这时,一个个鲜活的生命就成了毫无个性和生机的产品,因而也就谈不上对他们真诚的爱。

教师的社会地位也是教育中是否存在爱的一个重要影响因素。教师的社会地位是指教师职业在整个社会中所处的位置,具体可在教师的经济地位、政治地位、社会声望等几个方面得以体现。随着国民经济的发展对人才需求的增加,我国越来越认识到教师对培养人才、发展经济的重要作用,因此采取一系列措施对教师的政治地位予以保障:为号召全社会都来尊师重教,从1985年起国家把每年的9月10日定为教师节。1994年,我国颁布《教师法》,以保障教师应有的权利和待遇;同年,国家还把中小学教师纳入享受政府特殊津贴的选拔范围。"在我国,由于素有尊师的传统,更源于新中国的教师有着为祖国、为人民、为下一代甘当'蜡烛'、甘当'人梯',以及辛勤耕耘、无私奉献的精神,因此,教师一向被社会公认为最佳形象,享有较高的职业声望。"③但是,与较高的政治地位和社会

---

① 陈琦,刘儒敏. 当代教育心理学[M]. 北京:北京师范大学出版社,2007.100.

② 王颖. 师爱误区与对策研究[D]:[硕士学位论文]. 济南:山东师范大学,2006.21.

③ 曲铁华,周晓红主编. 教师学与教学论[M]. 长春:东北师范大学出版社,2006.8.

声望相比,教师的经济地位却不是那么尽如人意。虽然改革开放后,国家为提高教师的生活水平、改善教师的生活状态做了很多工作,但与其他行业相比,教师的工资待遇仍然处于较低水平。尤其是在西部省份和经济欠发达地区,教师的工资待遇更低,甚至还出现拖欠教师工资的现象。教师是人类灵魂的工程师,爱是教师最美的精神质素,但追求物质生活也是人之追求的一部分,我们没理由要求教师做精神贵族的同时必须做物质上的穷人。当整个社会已物欲横流,当与教师职业相比,社会上的其他行业收入较高而社会对该行业的期望却相对较低,一部分教师自然会产生心理上的不平衡,从而为提高自己的经济水平做出新的选择或决定,这也就导致了教师对教育事业的"移情别恋",对学生付出了扭曲的爱。

下面一则故事让我们内心感到悲哀,但却无能为力,而且只能对我们魂绕梦牵的教育爱深表遗憾,遗憾于那样有才华的年轻教师不再从教,转为他业。

一个好朋友的女儿,大学毕业后当了中学教师。朋友的女儿文静聪颖,很有才华,不仅是个出色的语文老师,还用业余时间写了许多文学作品。朋友的女儿常来找我,我问她,当中学语文老师,是不是安心。她回答说:"当然安心啦,因为我喜欢当教师。"我因此而感到由衷的欣慰。这样一个有才华的年轻人,能够很安心很投入地当一个教师,而且为自己的职业而自豪,这不能不说是一种令人鼓舞的消息。我想,在上海,在中国,一定还有无数像她一样的青年教师,他们有才华,也愿意为中国的教育事业尽心尽力。这难道不是光明的希望?

前些日子,女教师的父亲,我那位很久没有见面的朋友到我家来看我。一见面,他便不无欣喜地告诉我:"我的女儿也跳槽了。"

"什么?"我简直无法相信自己的耳朵。

"她离开学校了,到一家外资公司去当秘书,工资一下子比原来涨了好几倍"。朋友兴致勃勃地介绍着,"外国老板很欣赏她,在上百个应聘者中选中了她,因为她英语好,写作能力也强,还会操作电脑……"

朋友不停地介绍着,我却再也听不下去,脑子里嗡嗡地响成一片……①

这则故事中介绍的教师自身素质很高,但因教师的经济地位低下,最终还是跳离了教师队伍。在商品经济的社会里,我们无法指责女教师的决定。追求物质利益是经济社会中人生追求的一个重要组成部分,因此较低的经济地位可能就会动摇一部分教师的爱岗敬业的信念。但是,这对教育爱来说又是怎样的一种无奈和讽刺!

---

① 鄢烈山,何保胜编.杞人忧师:拯救中国教育[M].北京:中华工商联合出版社,1999.180.

第六章 爱与教育结合的实施策略

教育是一项培养人的事业,爱是教育永恒的主题。与其说爱是教育的手段、目的,毋宁说它就是教育本身。但是通过前面两章的审视和分析,我们发现,由于各种主客观的原因,导致现行教育中种种与爱背道而驰的现象发生,这是学生的悲哀,更是教育本身的悲哀。让爱回归教育,让真、善、美走进教育,是整个社会的责任,更是每一个教育者的精神追求。下面,本章试从环境、观念、实践等几个维度加以建构,为爱与教育结合的实践策略提供有益的参考。

一、环境的营造

教育在社会中运行、发展和变化,是一种特殊的社会活动。为了促进现代教育真正成为爱的事业,就得认真研究社会环境对教育爱的影响,从而扬长避短,驱恶扬善,为爱与教育的结合营造良好的社会环境。

根据前文的分析,我国是一个自然环境多种多样,不同地区的自然环境又具有很大差异的国家,这对爱与教育的结合产生了制约和影响。虽然我们无力改变客观存在的自然环境,但人不是环境的消极产物,我们可从社会的政治、经济以及思想文化等方面着手,减弱自然环境中不利因素的制约和影响,努力使爱在一个良好的环境与氛围中展现其精神和魅力。

(一)完善经济体制

改革开放以来,我国逐步由计划经济体制向市场经济体制转变。特别是党的十四大报告明确提出了我国经济改革的目标模式是建立社会主义市场经济体制。因此,我国目前的教育是在社会主义市场经济体制背景下运行和发展的。但是市场经济本身具有两重性,它好似一把"双刃剑"。因此在当前形势下,我们应该进一步完善市场经济体制,利用市场经济中的有利因素,消除或避免市场经济中的不利影响,从而扬长避短,为爱与教育的结合营造适宜的经济环境。

首先,社会主义市场经济建设的目的在于"进一步解放和发展生产力"①。我国目前整体经济水平还比较落后,存在着不同区域、不同城市经济发展的严重不平衡,特别是广大农村地区、贫困地区的经济发展水平十分落后,这导致了教育的物质基础积累还不够充分和均衡,不能保证每个人都享受高质量的教育。所以,我们国家应该"进一步解放和发展生产力",大力发展社会主义市场经济,利用市场经济这一优势,为教育发展创造物质条件,从而增加教育投入,改善办学条件,为教育的全面、和谐、可持续发展提供充足的经济支撑和良好的物质环境。其次,马克思指出,在市场经济条件下,"形成普遍的社会物质交换,全面的关系,多方面的需求以及全面的能力体系"②,并且,"在货币关系中,在发达的交换制度中(而这种表面现象使民主主义受到迷惑),人的依赖纽带、血统差别、教育差别等等事实上都被打破了,被粉碎了(一切人身纽带至少都表现为人的关系)"③。所以,市场经济的发展使人的社会关系更加丰富,为人的多样性发展提供了可能性,并将会促进人的全面发展,促发人的主体意识以及人的独立性的提高。我们应该利用社会主义市场经济这一特性,大力发展学生的主体性,培养学生的主体意识,促进学生全面发展。

但是,市场经济具有两重性,它一方面为教育发展带来条件和机会,另一方面也有不利于教育发展和爱在教育中实现的方面。市场经济是一种交换经济,市场行为是一种交易行为,因此利润、好处、实惠是市场经济条件下人的追求和选择,这容易导致自我至上、功利至上,与教育爱的利他与责任有很大的区别。所以完善社会主义市场经济体制,变不利为有

---

① 国家教育委员会办公厅.中国教育改革和发展文献选编[M].北京:人民教育出版社,1993. 66.

② 马克思.马克思恩格斯全集(第四十六卷〈上〉)[M].中共中央马克思恩格斯列宁斯大林著作编译局译.北京:人民出版社.1979.104.

③ 马克思.马克思恩格斯全集(第四十六卷〈上〉)[M].中共中央马克思恩格斯列宁斯大林著作编译局译.北京:人民出版社.1979.110.

利,是在此环境下明智的选择。完善社会主义市场经济,就是要发挥社会主义制度的优越性,通过社会制度的安排来保障市场经济发挥积极功能,限制市场经济的消极影响。首先,应该克服市场经济以利益最大化为导向的物质主义。社会主义发展物质生产的目的是满足人的物质文化生活需要,从而促进人的全面发展与解放,而不能越俎代庖,在市场经济还不发达的情况下走向物质主义。其次,市场经济在追求效率和效益的同时难以兼顾公平,容易导致社会的贫富不均,两极分化,这需要社会制度来保证社会公平,保证市场经济既有利于生产力的发展,也能实现人们的共同富裕。再次,市场经济容易导致权钱交易,不能充分体现人民当家做主。这需要通过充分发挥社会主义民主政治的优势,改进经济发展与政治改革的关系,让更多的人民群众享有平等的社会主义民主权利。

通过完善社会主义市场经济体制,促进社会生产力的发展,消除市场经济所带来的各种弊端,从而为教育发展奠定坚实的物质基础,也为爱与教育的结合营造良好的社会经济环境,实现理想教育的目标和追求。

（二）发挥政治优势

社会经济的发展是教育发展的重要物质保证,但教育发展的历史表明,教育和社会经济的发展并不表现为完全的同步,教育可能先于或后于社会经济的发展而发展。这种教育同社会经济发展不同步现象的出现,其原因就在于社会政治的影响和制约。社会政治"通过思想渗透、制度规定、亲身参与和组织教育改革等多种形式"[1]影响着教育的各个方面、各个领域,具体包括"教育的社会性质""教育的宗旨和目的""受教育的权利和机会""教育的管理体制"[2]等。但是社会政治对教育发展的影响,可能是积极的,也可能有消极的影响。在一定社会历史条件下,先进正确的社会政治会促进教育爱的实现,而落后错误的社会政治则成为教育遗憾滋生的社会根源。

我国是人民民主专政的社会主义国家,人民民主专政的政治制度把

---

① 王本陆.教育崇善论[M].广州:广东教育出版社,2001.193.

② 柳海民.教育原理[M].长春:东北师范大学出版社,2006.160-163.

人民的权利和利益放在首位,强调人人都是社会主义国家的主人,每个人都有不可剥夺的公民权利。所以,营造爱与教育结合的社会政治环境,就要发挥我国人民民主专政的政治制度优势,争取先进的社会政治因素的支持。也就是从制度上保障、支持教育爱的实现,抑制和消除教育中各种不利于爱与教育结合的因素,大力发展教育事业,把教育作为促进人的解放和发展的重要力量,保障人人享有平等的受教育权利和机会,保证人的全面发展的理想真正得以实现。此外,社会主义民主政治倡导民主思想和主体意识,因此要发挥民主政治这一思想优势,强调在教育中关心人、理解人、尊重人、公平平等地对待人、主动承担责任等有利于教育爱实现的思想观念。当然,世间事物都有两重性,十全十美的事物是没有的。我国人民民主专政的政治制度总体上是先进的和正确的,但也存在着官僚主义、封建主义残余思想的影响,这是和社会主义民主政治相对的、落后的、错误的政治因素。这些因素渗透到教育中,就会有消极的负面的作用,导致与爱疏离的教育现象发生。因此,为消除社会政治生活中负面因素对实现教育爱的不利影响,进而消除教育中的各种与爱相悖的丑恶现象,就要在教育中进一步发扬社会主义民主,传播社会主义民主思想,建设社会主义民主制度,以社会政治文明的全面进步来解决政治体制的偏颇和不完善给教育带来的负面影响。

为爱与教育的结合营造良好的社会政治环境,除了要争取先进的社会政治因素对教育的支持,避免和清除落后的社会政治因素对教育发展的干扰,还要坚持教育的独立性,不能把教育政治化,更不能把教育当成政治的工具和附庸,应该遵循教育的规律,体现教育的价值,使教育真正成为一切为了人的教育。

(三)健全教育法制

优化环境并不是讲求一团和气。优化环境的一个重要内容,就是要形成一种既有自由又有约束的社会气氛,这就需要健全法制。"法律是人们行为时必须遵循的一种'规矩',是国家制定或认可的、由国家强制力保证其实施的一种社会调节手段。借助于它,一定社会的关系和社会秩序才得以建立和维护,社会的结构才得以完整和谐,彼此间的活动才表现得有条不紊,整个社会机体才得以运转灵活。"①健全教育法制,就是把教育纳入法律调节的轨道,使教育按法律规范运转。随着现代教育的发展,利用法律的力量来解决教育中的问题,为教育爱的实现提供有利的法律支持,成为保障现代教育健康发展和运转的重要调控力量。具体说就是:"国家依法管理教育,公民依法享有受教育的权利,学校依法从国家与社会取得经费,学校内部的各项工作均按各种严格的规章制度运行。强调依法治教,并非只对少数人加以约束,而是要以法律规范包括政府官员在内的所有公民的行为,使全社会养成尊重和严守法律的良好风尚。"②

教育法制和教育爱都对保障教育的健康发展和运行具有重要的调控作用,但教育法律和教育爱的调控又有很大的区别。教育法律是通过明确的法律条文来约束教育活动,教育爱是通过教育者的精神自觉来指引和约束教育活动;教育法律是运用强制力(如命令与处罚)来保障其执行,教育爱是运用理性、智慧来实现教育追求;教育法律是一种硬调控,具有权威性、强制性,教育爱是一种软调控,具有利他性、自律性。虽然以爱治教是教育的理想追求,爱与教育结合是教育的理想状态,但依据马克思对人的存在方式的阐释,现阶段是"以对物的依赖"为基础的人的独立性阶段,人们常常由于忙于对物的占有而疏远了自己的心灵与精神世界,因此要保证教育爱的实现还必须有教育法律的参与。同时,教育法制的完善也需要教育爱提供精神支持。

新中国成立以来,我国的教育法制建设走过了一条曲折的道路。从新中国成立初的热情高涨,到20世纪五六十年代的逐渐衰落,再到"文革"期间的肆意践踏。直到十一届三中全会以后,教育法制建设才走上正轨,获得了迅速发展。1980年我国出台了第一部有关教育的法律《中华人民共和国学位条例》,1986年通过了《中华人民共和国义务教育法》(2006年2015年分别做了进一步的修订),1993年通过了《中华人民共和国教师法》,1995年通过了《中华人民共和国教育法》,1998年通过了

---

① 教育部人事司组编.高等教育法规概论[M].北京:北京师范大学出版社,1999.1.

② 孙孔懿.教育失误论[M].南京:江苏教育出版社,1997.336.

《中华人民共和国高等教育法》等一系列教育法律。这些教育法律的出台,对于理顺教育内外部关系,保护师生的合法权益,抑制教育中的种种违背教育原则和规章的现象发生,起到了很好的促进作用。但是目前我国教育法制还不是十分健全,为了促进教育法律力量的充分发挥,营造教育爱的良好环境,需要进一步健全教育法制。

　　教育爱的实现需要教育法制的参与,教育法制的完善也需要教育爱提供精神支持,也就是教育法制也要蕴含着一定的教育价值追求,体现先进的、人道主义的教育价值观。由于现阶段是"以对物的依赖"为基础的人的独立性阶段,所以社会应该以提高人的独立性,克服人对物的依赖为基本价值追求。教育法制建设也要突出教育要以促进个人全面发展为己任这一观念,为促进个人的全面发展保驾护航。要将培养人放在首位,在人的全面发展的基础上再来谈促进社会政治、经济的发展。另外,我国当前的教育法律体系还不健全。瞿葆奎先生主编的《教育学文集》中提出了以四个纵向层次和九个横向部门为框架来建设我国教育法体系的设想,即建设一个由教育基本法、部门教育法、教育行政法规和规章、地方性教育法规等四个层次,基础教育法、职业技术教育法、高等教育法、成人教育法、残疾人教育法、社会教育法、义务教育法、教师法、教育经费法等九个部门所组成的体系。[①] 这对于我们进一步健全教育法制是具有启示意义的。健全教育法规体系是要实现在教育中有法可依,同时尤其要注意的是有法必依,这对于当前我国教育法律执行情况来说具有现实意义。我国的教育经费投入问题、教师待遇问题、学生权利和义务问题等在现行不同的教育法律中都有规定,但在执行中还是出现了教育经费投入不足、拖欠教师工资、对学生体罚及变相体罚等违法现象,这就是有法不依、执法不严所造成的。所以,加强教育法制建设,对于违法的处罚规定、惩处措施等方面需进一步明确,以此提高人们的法制观念,严肃执法,充分发挥教育法制对教育活动的调节和规范作用。

（四）发展教育伦理

"正如阿尔贝特·史怀泽所说的那样：'受制于盲目的利己主义的世界，就像一条漆黑的峡谷，光明仅仅停留在山峰之上。所有的生命都必然生存于黑暗之中，只有一种生命能够摆脱黑暗，看到光明。这种生命是最高的生命，人'。毫无疑问，人类赖以摆脱黑暗的重要工具之一是伦理智慧。"①教育伦理是教育的伦理智慧或教育道德及其规范；发展教育伦理，就是对教育伦理的进一步探究和对教育进行深入的道德解读，以完善和利用教育伦理规范，使教育真正成为善的事业。

关于教育伦理，人们的认识经历了一个不断深化的过程。一种认识是把教育伦理视作道德教育。具体体现在民主时期丘景尼的《教育伦理学》一书，他认为，教育中的道德问题，"不在道德本质之为如何，而在道德的人格之如何养成"②。另一种认识是将教育伦理看作教师职业道德，这是国内学术界比较流行的观点。新中国成立以来我国第一本教育伦理学著作为王正平先生主编的《教育伦理学》③，其中教师道德原则和各种具体的教师道德规范构成了全书的基本内容。还有施修华④、李春秋⑤等人，也认为教育的伦理问题主要是教师职业道德问题。随着改革开放以来教育与市场经济接轨过程中新的问题的出现，人们把对教育伦理的认识转向了教育本身的道德和教育善恶问题，即从伦理的角度研究教育。其中不乏零星的研究论文发表，也出版了一些有关教育的批判性杂文。在这些对教育道德性的研究中，较为系统的著作当属孙彩平博士的《教育的伦理精神》以及王本陆教授的《教育崇善论》。孙著认为："研究教育本身所蕴含的道德意义，探索教育道德性发展的规律，明确教育道德的范畴，分析当代中国教育的道德状况，为处于社会与道德转型期的教育明确

① 檀传宝. 教师伦理学专题：教育伦理范畴研究[M]. 北京：北京师范大学出版社，2000.3.
② 丘景尼. 教育伦理学[M]. 福州：福建教育出版社，2011.5.
③ 王正平主编. 教育伦理学[M]. 上海：上海人民出版社，1988.
④ 施修华，严缘华主编. 教育伦理学[M]. 上海：上海科学普及出版社，1989.
⑤ 李春秋主编. 教育伦理学概论[M]. 北京：北京师范大学出版社，1993.

发展方向,寻找提高其道德性的路径,以回归教育'为人'的本真。"①王著主张:"在系统把握教育善恶矛盾运动历史过程和一般规律的基础上,现代教育应自觉追求积极、进步的教育道德理想,建立科学、完善的教育伦理规范,努力提高自身的道德水准,使教育真正成为善的事业!"②笔者认为:这两位学者对教育伦理的超越性解读是有道理的,虽然两人的研究立场、视野和方法等有很大差别,但对教育道德性的认识是一致的。这两部著作为我们提出了教育的伦理范畴——人道、理性、公正(孙彩平)以及现代教育的伦理原则——公正以及人道主义(王本陆),这对教育伦理的发展起到了奠基性的作用。

虽然我们并不主张把教育爱等同于教育道德,但毋庸置疑的是,教育道德理想的实现是教育爱得以实施的重要前提,也即为爱与教育结合营造了良好的伦理环境。所以,在前人研究的基础以及启示下,我们应该进一步发展教育伦理。发展教育伦理,不仅仅是发展教育伦理学学科,更为重要的是以教育伦理原则来指导教育实践,通过各种道德规范、原则来约束和指引教育活动,净化和提升教育的道德境界。通过发展教育伦理,回归教育"为人"的本真,使教育真正成为善的事业!教育成了善的事业,也就与美相距不远,爱与教育结合就有了前提性的承诺。

(五)高扬教育精神

人之所以为人,是因为人是有精神的。同时,教育之所以为教育,也必须要有一种精神。人若没有精神,就降低为动物或植物的水平;教育若没有精神,只能称得上是技术,最终会成为其他领域的殖民地;教育者若不拥有教育精神,就与"学徒"的"师傅"并无二异,也算不上塑造人类灵魂的工程师。智慧如雅斯贝尔斯也说过:"在教育中,教学和教育的精神是至关重要的,我们应关注这些关键问题,而少管一些细枝末节之事。"③

正如"'精神'是一个众所周知难以定义的词"④(英国学者赖特语)

---

① 孙彩平.教育的伦理精神[M].太原:山西教育出版社,2004.3.
② 王本陆.教育崇善论[M].广州:广东教育出版社,2001.3.
③ [德]雅斯贝尔斯.什么是教育[M].邹进译.北京:生活·读书·新知三联书店,1991.54.
④ 转引自王坤庆.精神与教育[M].武汉:华中师范大学出版社,2009.16.

一样,关于什么是教育精神,同样是一个"难以定义的词",以至于"在我国目前流行的各种教育学著作或教材中,涉及教育精神的内容并不多。有些被规定为全国通用教材及地方性、行业性学校的通用教材中,都几乎未论述教育精神"①。但是教育作为"使人成人"的事业,其精神性是应然的存在。教育精神与教育思想、教育信念、教育品格等同属于意识层面的内容,但教育精神的价值取向性较之其他更强烈,也就是教育精神是一种具有强烈教育价值追求的意识。王长乐对教育精神的内在规定性进行了评价性的探讨,认为:1. 教育精神是科学的、文明的、进步的教育思想的体现;2. 教育精神是一种理性的、自主的、坚定的教育思想的体现;3. 教育精神是理性的启蒙意识、批判意识、建构意识的体现;4. 教育精神是美好的教育理想、教育境界的体现;5. 教育精神是高尚的教育品格、教育情操、教育气节的体现。② 由此可见,教育精神总是与文明、进步、美好、高尚等具有正向价值导向的字眼相联系,是教育事业发展的重要精神支柱,也是所有教育工作者应该具有的品质和追求。

那么,教育所需要的基本精神是什么?笔者认为,这应该是教育的求真精神、向善精神、趋美精神。教育的求真精神,就是把教育视为人类社会进步的阶梯,在工作中坚持真理、探求真知、拥有真心、培养真人,使教育事业真正成为教人以智慧的事业。教育的向善精神,就是把教育视为人类文明赖以为继的纽带,抑制和拒绝一切落后、冷漠、专制现象的发生,把教育事业塑造成为予人以高尚的事业。教育的趋美精神,就是把教育视为人类社会走向自由之境的桥梁,对学生的关心、负责、尊重、公正成为教育者的意义追寻和价值求索,教育事业真正成为给人以幸福的事业。因此,高扬教育精神,就是高扬教育的求真精神、向善精神、趋美精神,秉持教育的纯洁和高尚,维护教育的本质和品格,宣传教育的情操和气节,为教育爱的实现创造一个良好的精神立场。

---

① 王长乐.教育精神的内在规定性及研究意义[J].天中学刊,2002(3):79–82.
② 王长乐.教育精神的内在规定性及研究意义[J].天中学刊,2002(3):79–82.

二、观念的更新

观念的更新是一切变革的先导,在为教育爱营造良好社会环境的前提下,更新教育工作者对学生、对教育、对社会的看法和认识,是爱与教育结合的重要价值导向。当然,更新观念不是指更新现时代所有的观念,而是特指更新在多数人思想与行为中占主导地位的、旧的、不利于爱与教育结合的观念,继而建立新的、有利于爱与教育结合的观念,具体应该认识到:学生是学习与创造之灵,教育是使人幸福的事业,社会应该多为教育服务等。

(一)学生是学习与创造之灵

学生,作为教育爱的对象,在教育中居于核心地位,是教育活动的起点和归宿。认识到学生是学习与创造的精灵,才能使教育者对学生充满爱的情感和态度,进而在教育中做出有利于学生学习和创造潜能发挥的选择。

首先,学生是学习之灵。学生作为有生命的个体,具有通过学习获得知识和能力,从而在身体上、思想上、精神上得到完善和提高的权利和自由。也正是通过学习,人的主体地位和被称之为"万物之灵"的特殊性、优越性才能得到进一步彰显和确立。同时,在校学习阶段是人生中最为宝贵的一段时光,毛泽东甚至把这一阶段的青少年称之为"早晨八九点钟的太阳"。正是在这一阶段,学生由一个"未完成的人"迅速发展成为一个具有社会意义和精神性的人。并且,学生又是一个具有学习潜力和学习能力的人。"刚进入 20 世纪时,美国一位最著名的心理学家和哲学家威廉·詹姆斯就断定:普通人只用了他们全部潜力的极小部分。詹姆斯把这当作自己最重要的发现之一。'与我们应该成为的人相比,我们只苏醒了一半。我们的热情受到打击,我们的蓝图没能展开,我们只运用了我们头脑和身体资源中的极小一部分'。"①与只苏醒了一半的普通人相比,学生的可塑性和发展潜力更是巨大的。学生是学习之灵,同时也是创造之灵。不要认为创造是成年人的专利,学生的创造潜力是成人无法想象的。成人的创造是建立在学习和经验的基础上的,而学生的创造源于人的不着污染的天然本性。"人必须靠自己完成自己,必须决定自己要成为某种特定的东西,必须力求解决他要靠自己的努力对自己解决的问题。他不仅可能,而且必须是创造性的。创造性完全不限于少数人的少数活动,它作为一种必然性,根植于人本身存在的结构之中"。② 前文我们提到对于一个圆像什么的回答,学生的答案就比社会上的人要有创意且丰富多彩,并且越小的学生答案种类越多,说明了学生的创造性绝不逊于成年人。学生的这种创造性有时候并不是隐藏的,大多数情况下之所以不被认可或承认,是因为缺少发现这种创造性的眼睛,或是对这种创造性的蒙昧和无视,有时候甚至是抹杀和挫伤。所以,对学生是学习和创造之灵的认识是至关重要的。承认了学生是学习和创造之灵,就会用十分的爱去保护和发展学生这种学习和创造的灵性,视学生的各方面发展为首当其冲的责任和最为崇高的理想和追求。

学生是学习与创造之灵,并不是说只有某一地域的学生或某一部分的学生具有学习和创造的能力。每个学生有每个学生的性格特点、兴趣爱好以及发展的优长,但具有学习和创造的能力是共同的,也就是人人都可以成才,只是人成才的范式有所不同而已。为了尊重学生的这种天性,促进所有学生在人生最美的阶段健康成长,充分发挥出其本质和潜能,教育必须为所有人提供均等的学习条件、学习资源和学习机会,人尽其才,引导学生进入适合自己的领域。根据世界著名发展心理学家霍华德·加德纳的研究成果,人的智能是由音乐智能、身体运动智能、数学逻辑智能、语言智能、空间智能、人际关系智能、自我认识智能组成③,所以不能仅仅

① [美]弗兰克·戈布尔.第三思潮——马斯洛心理学[M].吕明,陈红雯译.上海:上海译文出版社,1987.58.

② [德]M.兰德曼.哲学人类学[M].阎嘉译.贵阳:贵州人民出版社,1988.228–229.

③ [美]霍华德·加德纳.多元智能[M].沈致隆译.北京:新华出版社,1999.18–26.

以数学、语文等逻辑思维能力的强弱来评价和判断学生。每个人有每个人独特的天赋和优势智力领域，每个人都有无限的发展可能。教育者应尊重不同学生的不同特点和优势，创设宽松、民主的教育环境，使每个学生的智能得到充分的发挥。

学生是学习与创造之灵，意味着教育过程是充分发挥学生的潜能和灵气的过程，是培养人才的过程。为了珍重和保护学生的创造之灵，必须按照人的成长规律去设计和组织教育教学过程，而不是把学生当作工具，当作大机器生产线上的一个零件，不顾及学生的精神成长和意义生成，使学生在教育中缺乏生命的灵动，其结果就是，在接受教育后丧失了创造的本能。"有人形容中国教育是不把人弄残废决不罢休，也有人把它喻为是培养死人的教育。"①这说明了中国教育积弊之深。这种教育是对学生造成伤害的教育，也是对学习与创造之灵进行破坏的教育，这是每个有良知有智慧有精神自觉的教育者都不愿意看到的情形。问题意识是思维的起点，也是创造的先导，而学生个体正是一个个问题专家，他们在问题的驱使下积极探索，努力解决，从而达到创造的目的。"而传统课堂教学是一种典型的'去问题'教学法，教师们以学生没有问题作为衡量教学成功与否的标准。我们听到的最多的是老师问：'都听懂了吗？还有问题吗？'学生回答：'没有'，老师就笑了"。② 要关心和发展学习与创造之灵，就要抛弃教育中的一系列痼疾，如"灌输""控制"和"规训"，以"唤醒""对话""视界整合"等作为发展和培育学生的主题词。"隐含在灌输式教育背后的是人与世界可以分离的假设：人仅仅是存在于世界中，而不是与世界或其他人一起发展；个人是旁观者，而不是再创造者。"③因此，灌输式教育是对学生的残害，而不利于学生的发展，控制和规训同样对学生残害至深。

所以，学生是人，是一个未完成的人，是一个具有学习和创造潜能的

---

① 王坤庆.精神与教育[M].武汉：华中师范大学出版社,2009.234.

② 魏林灵.对传统教育观的反思[J].浙江传媒学院学报,2005(3)：23－27.

③ [巴西]弗莱雷.被压迫者教育学[M].顾建新,赵友华,何曙荣译.上海：华东师范大学出版社,2001.27.

未完成的人,这是在每一个教育工作者的思想观念中都应该明确的。明确了这一点,也就明确了教育是育人而不是制器,是发展而不是控制,是为了人人而不是为了某个人或某些人。教育爱是学生的潜能由潜在变成显在,由可能变成现实的必要的条件。

(二)教育是蕴含幸福的事业

在传统观念中,教育是消费事业、是需要极大的付出但是回报极慢(百年树人)的事业,是教师必须做铺路石、如蜡烛燃尽自己、如春蚕把最后一根丝都要吐出来的事业,是学生必须"头悬梁,锥刺股"才能实现理想和目标的事业,是"为伊消得人憔悴"的事业。观念决定行动,带着这种观念来完成教育事业,走进教育,很难有爱的情感和行动,即使有,也是一种蕴含放弃和牺牲的苦涩的爱,而不是具有精神享受的爱。观念的革新,最重要的就是为教育正名,就是对教育的重新认识和定位。"教育:幸福蕴含其中",不仅是教育的一种应然追求,更是教育的一种实然存在,是应该成为我们行动指南的最重要的观念。

首先,教育是给学生带来幸福的事业。教育的作用在于促进学生发展,使学生先天所具有的学习和创造潜能得到充分地发挥,从而成长为一个各方面都很完善的人。通过教育,学生获得了丰富的知识。"愚昧从来没有给人们带来过幸福,幸福的根源在于知识,知识是每个国家公共幸福的最可靠基础,它会使精神和物质贫瘠的原野变成肥沃的土地。"[①]充实而丰富的知识,开阔了学生的视野,使学生逐渐认识世界、了解自然,具有了一定的意义追求、巨大的满足感,从而获得了精神生活丰富的幸福。通过教育,学生增长了技能,具有了在社会中生存的一技之长,使学生的未来生活得到了一定的保障;并且,随着社会的不断进步,学生的技能也得到了很好的锻炼和改进,生活质量进一步提高,成就感进一步增强,从而获得基本物质需要得到满足的幸福。通过教育,学生获得了理智感和正义感。正如魏书生所说的:"理智的满足是一种最高尚的满足,它体现为人们在崇高动机支配之下,献身于人类的进步事业,体现为一种献身精

---

① 曹辉,朱春英.论大学生幸福教育的基本内涵[J].教育探索,2008(1):109-110.

神。它也可以称为感情满足的另一分支，即纯正感情的满足"，"人一旦追求到了理智满足的境界，他的人生就充满了无边无际的幸福"。① 正义感在理智感的支配下得到有效的发挥，在坚持正义的同时使内心得到充实，从而获得精神自由的幸福。通过教育，学生的情感得到丰富，心灵变得真实而善良，在互相帮助、相互提携中成长，懂得了关心人、体谅人、理解人和尊重人，促使人与人之间和谐相处，这些积极的情感体验在给自我带来幸福的同时，也给周围人带来欢乐。

由于教育是造福于学生的事业，而学生是祖国的未来，所以为教育事业付出是值得的，为教育事业运筹帷幄是幸福的。"人是为了幸福才去伤害他人的。可是，在另一方面，人的幸福又必须以爱护他人为条件。这一点虽然好像没有利益冲突那样显而易见，但实际上这是人们更深刻的需要，尽管要证明这一点却不容易。无论如何，每个体验过关心别人的人肯定知道，对他人的积极情感确实是美好经验，当我们去帮助别人时，心中便是蓝天白云，海洋草原。"②但是为教育付出并不是"帮助别人"那么简单，也不仅仅是"蓝天白云，海洋草原"的浅层幸福，而是更为伟大、更具意义的深层的利他性、创造性的幸福。为教育付出包括物质付出和精神付出两个方面。从宏观上看，物质付出也就是为教育投资，创造教育条件，改善教育环境，分配教育资源等；精神付出包括提出教育目标，做出教育决策，制定教育政策、制度、规划等。也就是说，为教育付出是为全体学生的全面发展创造条件。由于发展的最终归宿是学生的幸福，所以为教育付出也是为全体学生的全面幸福创造条件，即是"为最大多数人带来幸福"。马克思在《青年选择职业时的思考》一文中指出："历史承认那些为共同目标劳动因而自己变得高尚的人是伟大人物；经常赞美那些为大多数人带来幸福的人是最幸福的人。"③所以教育虽然是消费的事业，是见效缓慢的事业，但也是与人类的幸福和自我完善密切相关的事业，因此

---

① 魏书生. 心灵的轨迹——魏书生日记选[M]. 沈阳：沈阳出版社，2000. 43.

② 赵汀阳. 论可能生活[M]. 北京：中国人民大学出版社，2010. 120－121.

③ 马克思. 马克思恩格斯全集(第四十卷)[M]. 中共中央马克思恩格斯列宁斯大林著作编译局译. 北京：人民出版社. 1982. 7.

是具有极其重要的价值和意义的事业。那么,还有什么比能够为国家、人类、社会的发展做贡献,为创造人类的未来更为幸福的呢?

在教育事业中,教师的工作最为具体和直接,为教育的付出也最多,所以教师也是最为幸福的人。认识不到教育工作给教师带来的幸福,教师职业就只是谋生的手段,教育爱也只能是一种虚假的表演。教师的幸福主要来自如下几个方面:一是来自对学生健康成长的深切感悟,享受着生命成长的快乐。通过教育,教师把自己的知识、能力、情感和价值观传授给学生,使学生在自己的关心下变化、成长,学生的成长印证了教师劳动的价值,教师在目睹学生的成长和变化中体验到收获后的幸福和满足。这也就是孟子把"得天下英才而教育之"[①]当作人生三乐(即幸福)之一的原因所在吧。特别是多年以后,自己的学生分赴祖国各地,甚至也有人留洋于海外,从事不同的职业,获得不同的地位和尊重,但是他们对老师的惦记和敬重不改,各种问候纷至沓来的时候,没有哪个老师不会感到由衷的幸福的。二是来自对书本、教材的改造和升华,享受读书和创造的乐趣。教师的备课一方面是备学生,也就是针对不同的学生准备不同的教学方法。另一方面就是备教材,把枯燥的文字、抽象的数字变成学生喜欢和愿意接受的符号,这是教师最重要的教育艺术。所以,教师在教育中并不是机械地重复教育内容,而是加进了个人的创造和艺术,是"用自己的话说自己的思想"。"当教师不是机械地重复教育内容,而是将自己的'力'加进了教材时,教育活动对他便不再是被动的,外在的,而正是教师本性力量的流露。宣讲自己的信念,表白自己的真情实意时,人是最生动、最幸福的。"[②]所以,教师不仅是谋生的职业更是育人的事业,不是机械地重复而是富有感情的创造,不是牺牲自我而是享受付出后的收获,教师的幸福是"一种精神的雅福,一种利他的幸福"[③]。

综上所述,所有的教育工作者都应该确立这样的观念:教育是一项幸福的事业,从事教育的人是最幸福的;教育,幸福蕴含其中。

---

① 孟子.孟子·尽心上[M].吴天明,程继松评析.武汉:崇文书局,2004.255.

② 刘次林.幸福教育论[M].北京:人民教育出版社,2003.204.

③ 冯建军.教育幸福:教师专业发展的重要维度[J].人民教育,2008(6):23-26.

（三）社会应该"为教育服务"

根据前文对教育爱的缺失情况及其原因的分析，我们知道，教育发展到今天，已经背离了爱的精神和本质，出现了严重的"工具主义、功利主义和个人主义倾向"①，在个人与社会的权衡中，一味地强调教育服务社会的功能，而对教育的可持续发展重视不够，对教育中出现的问题解决不及时，正应了中国的那句俗语"要叫马儿跑得好，又叫马儿不吃草"，这是不行的。学生是学习与创造之灵，教育是蕴含幸福的事业，社会亦不应该一味地向教育索取，过于强调教育服务社会的功能，而应该重新确立社会为教育服务的观念。

早在20世纪90年代，著名学者王逢贤先生在邓小平为教育部门当"后勤部长"的启示下，即提出"呼唤'为教育服务'的理论"②。随着人类社会的发展和进步，教育亦有了许多新的变化，人们对于教育的重视也得到了进一步地加深和增强。但是人们重视的是教育的社会功能，把教育当作社会发展的工具，"把'教育'理解为社会借此可以保存、延续、进步，个体借此得以获得某种素质而在未来过上'幸福''完满'的生活的工具"③，将国家的发展，人类的未来都寄托在教育身上。这本无可厚非，可是教育所需要的发展资本，教育自身的独立性、主体性，教育培养人的价值和意蕴，在为社会服务的过程并没有获得应有的提升。所以我们应该重提"为教育服务"的理念，为学生的生命生长需要服务，以坚定人们为教育办实事、办好事的信心和步伐。提倡社会为教育服务，这"已不再仅是传统说中的那种乐善好施、可行可不行的慈善行为，而是按现代社会现代教育发展规律办事的明智行为和法制行为。是教育与社会之间双向服务互为条件的互补行为"④。

社会为教育服务，就是要尊重教育的相对独立性，不能把教育当作政治的附庸，也不能把教育作为某些政府官员谋取升官发财之道的政绩工

---

① 翟博.育人为本：教育思想理念的重大创新[J].教育研究,2011(1):8-13.

② 王逢贤.优教与忧思[M].北京：人民教育出版社,2004.166-172.

③ 周浩波.教育哲学[M].北京：人民教育出版社,2000.35.

④ 王逢贤.优教与忧思[M].北京：人民教育出版社,2004.168.

程。教育的发展有其自身的规律性,决策者在考虑教育问题时应遵循教育的发展规律,根据教育的发展需求,以有利于教育发展,有利于学生幸福成长为出发点。"教育,对我们社会应该接待的儿童和青年是一种爱的呼唤;在教育系统中当然应有他们的地位,在家庭、基层社区乃至国家中也同样应有他们的地位。此项基本义务应经常提及,以便在做出政治、经济和财政方面的抉择时能更多地考虑这项义务,在这里变通引用一位诗人的一句名言:儿童是人类的未来。"①所以为了有效地实现对儿童和青年爱的呼唤,为人类的未来负责,政府在教育改革发展方向的选择上,在教育发展战略的设计上,都要坚持以学生为本,维护和培育教育发展的良好环境,推进各级各类教育在改革中创新,在发展中超越。在发挥教育政治功能的同时,强调政治为教育服务,国家的教育政策、教育规划、教育决策都要以教育的长远发展、可持续发展为目标和基准,而不能朝令夕改,以个别政府领导的喜好随意进行教育抉择。这正如《学会生存》所说:"教育是人类在发展与前进过程中所做努力的一个重要组成部分,而且在制订国家政策和国际政策时占日益重要的地位。"②这是一个信号,说明教育日益受到了更为广泛的关注,在人类事业中具有独享的地位。也只有确立为教育服务的观念,教育的政治功能才能更加有效地发挥,教育自身的意义和价值才能同时得到彰显。

在商品经济时代,教育同时也被经济化了,成为谋取经济利益的工具和手段,以科技理性代替价值理性,深陷功利主义的漩涡中。"教育功利主义之所以如此泛滥,主要原因是市场经济激发了人们对利益的无限追求,加之受封建利己主义思想和西方资本主义拜金主义的影响,使得人们追求名利的欲望极度膨胀,最终导致小集体利益和个人主义至上。教育也终于由一方净土成为人们追名逐利的地方。"③教育是社会公益性事业,全社会都有责任对教育的正常运行和发展给予关注和支持,经济也应

---

① 联合国教科文总部中文科译. 教育——财富蕴藏其中[M]. 北京:教育科学出版社,1996.1.

② 联合国教科文组织国际教育发展委员会. 学会生存——教育世界的今天和明天[M]. 北京:教育科学出版社,1996.212.

③ 杨兆山,王守纪. 反对功利主义教育[N]. 中国教育报,2003 – 4 – 5(4).

当为教育服务,而不应当把经济活动中的机制和规则移植到教育中来,使教育成为经济发展的应声虫。经济为教育服务,就是给予教育更多的经费支持,保证教育的基本设施建设,保证所有适龄儿童,包括贫困边远山区的儿童都能接受良好的教育,在教育面向现代化的进程中具有充足的经济保障。

提倡社会为教育服务,并不是否定教育的社会制约性和教育的社会功能,因为"现实生活中教育除了内在的目的性价值以外同样也存在其他各种外在的工具性价值,但是,一切外在的工具性价值必须建立在人的内在目的性价值的基础之上,两种不同的价值在教育价值体系中的错位,是造成当今教育危机的一个重要原因"①。所以,应该回归教育的目的性价值,还教育以其应有的尊严,这不仅是解决当今教育危机的出路,也是寻回失落的教育爱的要求。当然,我们未强调"为教育服务"之时,社会也做了许多为教育服务的事。如尊师重教、育人为本、教育优先发展等都是社会为教育所做的积极努力,这是我们不能否认的。只是在教育服务功能被过度强化,教育爱日益衰落的当前形势下,我们应该变消极为积极,变被动为主动,变自觉为自然,把"为教育服务"的观念更加牢固地树立起来。

三、实践的转向

由于爱的发生内蕴于情,外显于行;情以知为基础,行以意为导向。真正的爱是知、情、意、行共同作用下的完整过程,所以教育爱也是一个由知、情、意、行共同作用下的过程。要想让爱与教育真正结合,让教育过程真正成为使人幸福的过程,最重要的也是最关键的,就是要有爱的行动。下面我们就从政府、学校、教师三个维度来讨论在实践中如何做,才能使爱与教育由分离到结合,使教育寻回它本真的价值和意蕴。

---

① 鲁洁.教育的原点:育人[J].华东师范大学学报(教育科学版),2008(12):15-22.

（一）政府的实践方向

我国的政府是人民的政府，我国的教育是人民的教育，政府作为教育爱的主体，应该在教育的制度和政策层面对教育发展中的不均衡、不公平、功利化现象予以宏观调控，应该义不容辞地肩负起教育的公益性、公平性、有效性和独特性的建设任务。在前文中提及的完善经济体制、发挥政治优势、健全教育法制等环境的营造方面，都需要政府发挥其主导作用。除此之外，政府最重要的还是深入教育系统内部，肩负其教育爱的主体应该负有的职责。

重新厘定教育目的。重新厘定教育目的，自然无法回避久辩未决的教育目的的"个人本位"和"社会本位"之争。王坤庆教授认为："不能用那种表面看起来'全面'而实质上流于肤浅的庸俗辩证法观点看问题，如主张所谓'社会价值'与'个人价值'的协调发展等，而应该根据当前社会所提出的客观需要去进行具体的价值判断和价值选择，需要强调'社会价值'就突出选择'社会价值'，需要选择'个人价值'就重点发展'个人价值'。"[1]笔者认为，教育是以人为对象的活动，教育的本质属性是人的培养，其实施者也是人，教育目的就应该立足于关心人、理解人、尊重人，给每一个人以公平、平等的发展机会，在幸福的教育过程中培养幸福的人。所以，当代中国的教育目的应该从国家主义、功利主义、工具主义的泥潭中解脱出来，从注重人的有用性、工具性到注重人的独特性、创造性，为人的全面、和谐发展大声疾呼。人是社会中的人，人的完善定会促进社会的完善。人得到了全面和谐的发展，就会促进整个社会的和谐有序；每个人都是幸福的，整个国家也会走向幸福安康。所以通过促进人的发展自然会达到促进社会发展的目的，这是教育目的的应然选择。教育目的是国家的教育目的，也是人民的教育目的，所以在厘定教育目的时，应该广泛听取社会各阶层对教育的意见和建议，听取学生及其家长对教育的企盼，并吸取教育理论界丰富的教育理论资源，按照公正的程序进行。

完善教育投资机制。一是完善义务教育投资机制。义务教育是最基

---

① 王坤庆.现代教育哲学[M].武汉：华中师范大学出版社,1996.235.

础的国家公共教育,是有利于所有人生存发展的教育。从一定意义上说,义务教育是一种保障性的教育,而不是发展性的教育,政府应该保证所有人都有享受平等的义务教育的权利,所以义务教育经费应该全部由政府负担。但是在目前国家财政资金总量不足的情况下,应根据不同地区划分各级政府对义务教育经费的负担比例。对于中西部经济欠发达和老少边穷地区,国家政府应该采取倾斜政策,加大投入力度;对于经济发达地区,由于地方政府有强大的经济保障,可以把义务教育的投资责任划分给地方。对于特别贫困的儿童和特别贫困的地区,政府应该实行直接专项拨款以保证其顺利入学和学校教育质量的提高。另外长期以来,政府对重点学校的投资政策有所倾斜,这种"锦上添花"的做法使得重点学校和非重点学校之间的差距越来越大,不利于教育公平。义务教育是保障性教育,应该改变对重点学校的投资倾斜,转而帮助贫困地区的儿童,实现教育的可持续发展。二是合理配置高等教育投资。"教育是公益事业。政府不能通过教育来直接谋取经济利益,不能把教育看作是出售的商品或者准商品。国家对于举办教育承担着根本的义务,对于义务教育是如此,对于非义务教育,国家也不能完全将其推到市场,因为学校教育包括非义务的高等教育,与共同体的公共利益的丰富、与共同体的公共福祉联系在一起。"①限于国家目前的经济状况,高等教育的投资应该以财政拨款为主,同时个人也要分担部分成本。因此,要完善高等教育收费制度,确保贫困家庭的学生也能享受高等教育。可采取减免贫困家庭学生的学费,对贫困学生实行物质补助,进一步完善国家助学贷款制度等办法,资助贫困家庭的学生完成其学业。这是爱在教育中的具体表现,更是爱和教育更好结合的具体措施。

推进教育政策的改革。针对我国教育政策中爱与教育疏离的现象以及其他问题,许多有识之士提出了改进教育政策的建议。本书把前人对教育政策的改进建议进行了梳理,并做以进一步的补充,为政府实践教育政策中的爱提供参考。一是提高教育政策制定中的民主参与程度。教育

---

① 金生鈜.中国教育制度变革滞后带来的三个问题[J].中国教育学刊,2008(12):19-23.

政策不仅要代表各方利益,而且要内含各个学科方面的理论知识,所以政策制定需要有包括学生和家长等方面的代表,以及包括具有政治、经济、教育、法律、社会等方面理论和实践知识都很丰富的专家代表。只有实现代表的广泛性、民主性,才能保证所有人的意愿都得到表达,进而保证政策的科学性、民主性和公平性。二是要保证政策制定的程序合理、完善,使得所有制定政策的参与者都有机会表达自己的意见、建议和心声,在充分讨论和深入调研的基础上慎重、理性出台教育政策,以避免过于仓促出台的政策所带来的诸多不足。三是努力改变教育政策中不尊重全体的城市化偏向、精英化偏向,兼顾考虑弱势群体的利益,对于过去若干重要教育政策做出根本性的调整,把目光投向所有的受教育者,要从城市中心转向关注农村,从精英教育转向大众教育,致力于促进每个受教育者全面和自由地发展,以便重拾教育中失落的爱。

审视、反思与矫正。在教育发展过程中,政府的职责主要是决策、投资和宏观调控。现在的问题是有爱的教育决策可能导致无爱的教育结果,所以政府应该不断地进行自我审视,发现教育实践中有哪些没有很好履行规定及其职责的教育行为,反思这样的行为产生的原因,及时对不合理、不合法、不合情的教育行为进行矫正。在矫正的过程中可以以史为鉴,也可以学习他者的先进经验。总之,解决问题的办法有很多种,关键的问题是发现问题,以及具有发现问题的自觉意识。

政府的教育责任重大,使命光荣。在新中国成立六十余年的发展历程中,我国的教育培养了无数精英和人才,他们进而为国家的政治经济建设做出了突出贡献,提高了我国的综合国力和国际竞争力,这一切是有目共睹的。但是通过审视和反思教育现状,我们知道:政府在促进爱与教育结合、实现教育爱的理想境界方面,还有一段距离,所以我们仍需要进一步努力。

(二)学校的实践路径

如果说教育是培养人的专门活动,那么学校则是培养人的专业场所,是儿童在未进入之前充满期待和企盼的地方,是成年人在走出这里之后深情回忆、无限眷恋的地方。有人说学校是"乐园"、是"伊甸园"、是"象牙塔"、是"精神家园",是一个"世人皆醉我独醒,世人皆浊我独清"的世界! 所以说,学校是一个与欢乐、崇高、爱等密切相连的美好的世界。艾·阿德勒曾指出:"学校是每个儿童在其精神发展过程中所必然要经历的一个场景。因此,它必须能够满足健康的精神成长的要求。只有当学校与健康的精神发展的必要性保持和谐,我们才说这是一个好的学校。只有这样的学校才能被认作是社会生活所必不可少的学校。"①也就是说,一个国家世风坏了、官风坏了、民风坏了,只要校风不坏,一切就都有希望。但是由于当前爱的缺失,使学校成为缺少精神的家园,失去欢乐的学园。下面我们就试着从学校之维入手,探讨教育爱的实践策略。

提高校长素质,明确教育使命。陶行知说:"校长是一个学校的灵魂,要想评论一个学校,先要评论他的校长。"②还有比较流行的观点,即"一个好校长,就是一所好学校",以及"有什么样的校长,就有什么样的学校"等说法,这都体现了校长对学校健康良性发展的重要作用。所以提高校长素质,明确校长职责是学校层面的爱得以实现的重要一环。关于校长的素质,日本学者从品德、才能、学识、身体等方面所做的研究,比较全面地概括了当代理想校长的基本素质:(一)要有研究精神,不断学习日益更新的知识;(二)要有度量,胸怀宽广,不拘小节;(三)要有领导能力,能坚持原则,切忌八面玲珑;(四)要有使命感,对事业一往无前,坚韧不拔,不气馁;(五)要有积极性,对工作热情,有干劲;(六)对学生要有深厚的爱,一视同仁地爱护每一个学生;(七)要有广阔的视野,眼光远大,富有理想;(八)身体健康,性格开朗,办事光明磊落;(九)谦虚、诚实,努力培养受人爱戴的品质;(十)要善于培养优秀接班人,不仅要善于培养学生,而且要善于培养教师。③除此之外,校长不应把自己的职位转化为权力,而应该明确认识到自己的职责,把校长之位作为实现自己教育理念和治校理想的机会和平台。克服权力意识,功利主义的观念,关心所有学生,使学生得到最充分发展,努力提供能够使每一个学生达到他们可能

---

① [奥] A·阿德勒. 理解人性 [M]. 陈刚, 陈旭译. 贵阳:贵州人民出版社,2004. 215.

② 陶行知. 陶行知全集(第 1 卷) [M]. 长沙:湖南教育出版社,1984. 473.

③ 萧宗六. 学校管理学 [M]. 北京:人民教育出版社,2001. 191.

达到的最高学习水平的条件。不能干着教育,搞着政治、经济;也不能当着校长,想着厅长、部长。今天的校长应该学习原清华大学校长梅贻琦的品格:"终生一职",一生"只做一件事"(校长),这既是校长的教育责任和清正精神,也是校长的教育家情怀。

完善和丰富学校生活。要使学校真正成为学生的生活世界,使教育活动真正成为人的活动,这是对学生生命的尊重,是学校生活人性化的内在呼唤。现行学校生活中出现的各种与教育的精神、教育的品格相悖的功利化、工具化现象,严重地损坏了学校的美好形象,也损害了学生的身心健康,学生生活的丰富性、全面性被湮灭了。学校生活是通过德育、智育、体育等几个方面构成,要完善和丰富学校生活,就是要让学校生活的过程成为一个幸福的过程,而不是危言耸听的"学海无涯苦作舟"的过程。具体说来就是构建"知情统一的智育",让学生学习科学文化知识的过程成为真正智慧的过程,是一个享受思想的交锋、探索的冲动、艰辛的充实、发现的欢快的过程;构建"身心统一的体育",也就是在体育运动过程中不仅局限于身体的健康、幸福,还要有助于人的充分和谐的发展,增进人的精神素质的提高,变"要学生练"为"学生要练";构建"自我扩展的德育",也就是在道德教育中既肯定人的自私本性又超越人的自私性,让私从小我的个人扩展到大我的学校、祖国和社会。譬如苏霍姆林斯基在帕夫雷什中学门口竖立的牌子上写着:"爱你的妈妈",而不是要求学生去爱其他陌生的、抽象的、无关的人和物,因为只有首先爱妈妈才可能去谈爱其他人,这是对学生最富有人性的爱的教育。

尊重学生的主体地位,提高学生的主体性。首先应该认识到学生是学校生活的主人,学校中的一切安排、活动都要以"为学生好"为宗旨而开展,不要在学校这座"精神的伊甸园"里行泯灭精神之事,以致让学生的利益和尊严受损。以校长为首的学校管理者要从为利、为钱、为分的功利主义泥潭中走出来,使学校恢复其神圣的本真,让学生感受到爱与智慧的光芒,真正享受到成为学校主人的幸福。促进全体学生的发展是教育爱的基本要求,也是尊重学生主体地位的体现。但是在现实中存在着大量的"学习困难学生"(即所谓的"差生"),帮助这些学生获得学习成功,实行"积极的差别对待",不让一个学生掉队是学校的一份重要职责。应该认识到人的智能结构不同,素质也存在差别和不同的优势,不能用单一的智能来衡量每一个学生,也不能用应试来要求每一个学生,而应该以提高每一个学生的素质为基点,以发展学生的优势和特长为手段,实施鼓励性评价,使每个学生都获得发展的机会,幸福的体验,美满的结果。另外,促进学生的全面发展是教育爱的基本精神,全面发展并不仅仅等于德智体等的发展,还包括学生的个性发展、主体性发展等,也就是要重视培养学生的个人发展要求,发展学生的主体性和创造性。学校应该时刻把学生当作主体,为学生创造当家做主的机会,在教育中培养学生的主体性。

积极应对应试教育。前文我们已经述及,当今应试教育的存在是尴尬而无奈的,它给学生带来了精神上的压力和身体上的伤害,是教育爱得不到体现的重要根源。国家针对应试教育的弊端提出了素质教育,着眼于全体学生全面素质的提高,但是在实践中各个学校还是在打着素质教育的大旗行应试教育之事,学生在教育过程中得不到幸福,有的只是煎熬和痛苦。也许"高考"的存在是应试教育的无奈,但是各个学校不能以政府未取消高考为由而无视学生学校生活的美好和幸福需求。其实,应试教育也不是一定需要题海战术、时间战术、补习班战术、重点班战术等才能获得成功的。研究学生的成长规律,研究教育的发展规律,顺应学生的成长需要和成长规律有效地实施教育,变"要学生学"为"学生要学",使教育过程变成学生积极主动求学的过程,而不是在学校的压迫和管制下的被动学习过程,学生在具有良好情绪体验下的学习一定会取得事半功倍的效果。如果所有学校的校长和管理者都能为学生着想,以人为本,遵循教育规律开展教育活动,那么整个国家就会形成一个真正的素质教育场,即使在这个场内还有应试教育存在,但也不会失去学生的幸福。但是,这的确需要全社会、我们大家的共同努力,的确需要所有学校一起行动起来,都来做爱的先锋和使者。

此外,教师本是学校中的重要管理者,但由于教师的教育爱对学生影响最为直接和深入,所以我们下面单独探讨教师维度教育爱的实现。

(三)教师的实践范式

苏联教育家赞可夫在《和教师的谈话》中说:"不能把教师对儿童的爱,仅仅设想为用慈祥的、关注的态度对待他们。这种态度当然是需要的。但是对学生的爱,首先应当表现在教师毫无保留地贡献出自己的精力、才能和知识,以便在对自己学生的教学和教育上,在他们的精神成长上取得最好的成果。"①然而审视当今中国的教育现状,教师的形象已难言光辉,许多教师既缺少"慈祥的、关注的态度",也未完全做到"毫无保留地贡献出自己的精力、才能和知识"。所以,重塑师爱是当前最热烈的呼唤。由于师爱的缺失可从主客观两个方面找到原因,重塑师爱的实践也应该从内外两个方面来进行。

1.外围策略:创设教师爱的条件和基础

首先,在"以物的依赖性为基础的人的独立性"的社会现实中,教师虽然是人类灵魂的工程师,但首先他也是人,需要衣食住行,需要与当前社会一般生活水平相匹配的基本生活条件。所以要求肩负教育祖国下一代责任的教师甘作"苦行僧"、甘愿"安贫乐道",独自超越于物质和金钱之外,既是不现实的,也是不人道的。并且,教师的工作不仅仅是8小时之内,在8小时之外还有许多其他人看不见的付出(备课、批改作业、个别辅导、家访、自我充实与完善等),所以进一步提高工资待遇,在经济上对教师的付出予以肯定,加大对教师的物质鼓励程度,真正落实教师与公务员同等待遇等,同样是至关重要的。只有解决了教师的后顾之忧(如不再为衣食住行等分忧),才能使教师心无旁骛地去实践对学生的爱与责任。

另外,学校管理者应该为教师创设宽松、自由、尊重、融洽的氛围,使教师拥有一个良好的工作环境。与其他行业相比,教师的工作负担繁重、精神压力大,需要不断地更新教育理念,扩展专业知识和专业技能,需要"激励思考""成为顾问""做交换意见的参加者""帮助发现矛盾论点"

①　[苏联]赞可夫.和教师的谈话[M].北京:教育科学出版社,1980.30.

等①。因此,学校要创设良好的环境、氛围,建立人性化的管理机制,在满足教师物质生活需求的前提下,注重教师的精神生活需要和良好心理环境的形成,让教师享受到被重视的愉悦、体验到有价值的美好,感受到生命的被尊重和专业自豪感。只有为教师营造一个良好的人文环境,才能使"慈祥的、关注的态度"成为一种习惯,使"毫无保留地贡献出自己的精力、才能和知识"成为一种内在的心理需求。社会和学校对教师有了正确的期望和态度,教师有了良好的工作环境,也可以有效地减少和遏制职业倦怠感,从而以一个良好的心态面对工作,以至善至美的爱的情怀对待学生。

2. 主动发展:提升自身爱的能力和智慧

关于教师如何实践爱,前人的研究已很丰富,如师爱的内容与要求有:了解与关爱、尊重与信任、同情与理解、平等与民主、热情期望与严格要求、面向全体与全面发展;师爱的方法与艺术有:施爱于表扬、施爱于批评、施爱于说服、施爱于疏导、施爱于激励、施爱于评价、施爱于具体事情的处理中、施爱于体态语等。② 因此,本书研究的重点不是教师爱的内容和方法,也不是爱的要求和艺术,而是教师爱的能力和智慧,即如何让爱与教育很好地结合在一起的能力和智慧。在爱与教育结合、教育爱的具体实施与操作过程中,笔者对教师如何提升自身爱的能力和智慧,实现对学生的智爱、美爱,提出如下四点建议。

建议一:做学生心灵的守护者。教师的主要职责即是教书育人,教师的爱也正是蕴含在教书育人的过程中,并且,育人比教书对一个学生的健康成长来说更为重要。现实的教育中,教师往往忽视了学生的心理、情感、品德等的发展变化,对学生的一些情绪变化或心理焦虑采取草率的处理方式,甚至视而不见,从而使一部分学生的心灵很"受伤",这是教师的最大失职,也是教师无爱的表现。做学生心灵的守护者,即是急学生之所急,想学生之所想,将对学生的爱化作自身信念的一部分。在关心爱护学

---

① 联合国教科文组织国际教育发展委员会.学会生存——教育世界的今天和明天[M].北京:教育科学出版社,1991.108.

② 胡向荣.师爱论[M].长沙:湖南大学出版社,2004(7).72—371.

生的过程中,关注学生心理和精神的变化及要求,要坚韧、不放弃,以学生的幸福为中心,毫无选择地对学生好。在这样老师的精神世界里,分数、利益已不复存在,有的只是对每一个学生的充满尊重和责任感的爱,哪怕他是一个"差生",也绝不放弃。

教师要认识到学生的习惯和品质的培养、心理和精神成人比发展知识和能力更为重要,因为知识可以靠一个人自己读书来获取,而良好习惯和品质则需要从小培养。在这方面,我们可以借鉴美国的经验。美国学校对孩子为人处事的准则和良好生活习惯的教育格外重视,老师经常在课堂上强调一些良好的品行和态度。除了教导和守护,老师的为人师表、以身示范对学生心理、精神和品质的成长都是至关重要的,也体现了教师对学生诚挚的爱。

建议二:做学生学习的促进者。在这样一个学习化的社会,学会学习已成为每一个人的应然追求,对于学生来说尤为重要。教师,则不仅是教给学生知识,更重要的是教给学生方法,引起学生兴趣,成为学生学习的有力促进者。这时教师的爱,更多地体现为一种能力和智慧。下面请看于漪老师的一堂别开生面的语文课,便体现了老师的能力和智慧。

于漪老师在教《宇宙里有些什么》时,课文中有这样一句话:"宇宙里有千万万颗星。"这时,一个同学竟然提出了问题:"老师万万等于多少?"这时,大家都笑了起来,一个同学说:"万万不等于亿吗?"在大家的笑声中,提问的同学灰溜溜地坐下了。于老师觉得他的积极性受到了打击,于是她问:"既然万万等于亿,但这里为什么不说宇宙里有千亿颗星呢?"这一问,同学们都哑了。过了一会儿,一位同学起来说:"不用亿用万万,有两个好处。第一,用'万万'听起来响亮,'亿'却听不清楚。第二,'万万'好像比'亿'多"。这时同学们又笑了。其实这个同学的回答是正确的。于老师当即给予肯定,并表扬说:"你实际上发现了汉语修辞中的一个规律:字的重叠可以产生两个效果:一是听得清楚,二是强调数量多"。这时,同学们都用钦佩的眼光看着那个同学。而于老师却说:"大家可以想一想,我们今天学到了这个新知识,是谁给我们的呢?"噢,这时大家才将目光集中到第一个同学身上。这个同学十分高兴,从此以后,他更大胆提问了。①

其实,在课堂上,像这种"万万等于多少?"的提问有很多,但是大多数教师可能会将这个学生的提问视为调皮或挑衅,给予批评和制止。也可能有许多老师为了赶进度,完成教学计划,对于学生的一些能够启发思维、引申教学的提问不予理睬,错失了教育的良机。而于老师以对学生负责,对每一个学生关注的态度进行教学,以学生的提问为契机,将教学引向深入,变对学生的批评为欣赏,使在嘲笑中开始的提问在钦佩中结束。这对于提问的同学来说是巨大的鼓励,也促进了全班同学的学习热情,激发了学生思考和提问的积极性。而提问是创造的源泉,如果所有老师都能有于老师这样大智大美的爱教之境,一定会教出更多有个性、有创新精神的学生。

建议三:做新时期的皮格马利翁。虽然皮格马利翁是一个美好的传说,皮格马利翁效应在教育中所产生的作用却是人所共知的。但是在教育实践中,许多教师只是把皮格马利翁当作一个遥远的传说,不知道如何做一个新时期的皮格马利翁。其实,教师对学生的期待是学生成长的第一动力,教师的爱必须体现在对所有的学生充满鼓励性的期待上。下面几则评语是为同一个学生(斯蒂芬)写的,读过之后人们既会感到震撼,也会深受启发。

中国数学老师的评价:没有数学脑子。

美国数学老师的评价:具有数学特长,而且能优雅和创造性地解决数学难题。

美国英文老师的评语:

斯蒂芬从不在没有准备的情况下进行学术辩论。她的准备总是全面而准确。她不喜欢大惊小怪,对每个可能的事件都有预测。有的学生考试时爱靠运气"赢取胜利",获得最佳,但斯蒂芬不这样,她付出的代价是时间和努力,这在她优秀的作业中有所反映。

斯蒂芬不仅仅是学术机器。她对学习感到兴奋。有的学生仅仅是搜

---

① 檀传宝.教师伦理学专题:教育伦理范畴研究[M].北京:北京师范大学出版社,2000.195.

集信息,而斯蒂芬在探索智慧。她与困难的概念搏斗;对有挑战性的问题,她不接受简单的答案。她所做的是把不同的想法结合起来,把众多概念放在一起。她不怕在解决难题时碰壁。我很喜欢像她这样有毅力的学生。她能适应高水平的大学学业吗?我以性命担保她行。对此,一秒钟都不应该怀疑!

人格的力量。这就是全部。这就是麦粒和谷壳的区别,这就是斯蒂芬的内在。不自负,不自私,不虚伪,她是积极向上的女孩,能够明辨是非。

斯蒂芬勇于对自己的行为承担责任,当事情不顺利时不找借口。她知道如何自我解嘲,也知道如何关心别人。她不贬低别人,也不利用别人。她尊重人,对人公平、体贴。她具有人格的力量。我就以此来结束我的评价。①

小斯蒂芬是不幸的,因为她"没有数学脑子";同时她又是幸运的,因为她"具有数学特长,而且能优雅和创造性地解决数学难题",英语老师"以性命担保她行!"两种截然不同的评价会产生两种截然不同的人生,并且美国数学老师和英语老师的评价看不出任何无的放矢,是饱含深情的、真挚的评价。他们的评价将是一道最柔软的光,照亮斯蒂芬的成长之路。所以,那些还没有发现学生的亮点,不会对学生报以欣赏的教师应该好好反省一下,把自己欣赏的目光投给每一个孩子,把自己最美的赞誉送给每一个未成年人,他们是祖国的未来,是有无限可能的人。

建议四:恰当运用批评和严格要求的教育策略。教育爱是理性之爱、是智慧之爱,因此批评和严格要求也是爱的重要表现,所以教师在教育教学中要松严有度、奖惩结合,做到为每一个学生负责。一般来说,教师批评的对象都是在学习或纪律方面有一定欠缺的学生,这样的学生尤其需要教师的帮助和提醒才能获得进步,所以教师必须摒弃"老好人"的思想,真正地爱学生,而不是一味地迁就而害了学生。严格要求则是对学生提出进一步的要求,是在符合"最近发展区"的范围内要求学生在某一方

---

① 端木. 吾家有女留学美国——中美教师对同一个孩子的不同评价[EB/OL]. http://www.tigtag. com/community/overseas/26195_1_5. html, 2003 - 12 - 16.

面有所发展和进步,这是真正地为学生好,是对学生的未来负责,是向学生奉献出无私的爱。

因此,教师对学生的爱,不是表面上的关心,也不是无原则的迁就,更不是没有分寸的赞扬和没有道理的庇护。真正的教师之爱是一种能力、一种智慧、一种精神、一种境界,但这种精神和境界并不是不可追求、无法企及的绝对"彼岸性世界",只要教师自主发展,主动学习借鉴,都会成为爱的播种者。

结　语

　　爱是一个美好而神圣的字眼。它源于人性对幸福的渴求,超越世俗欲望的禁锢和阻隔,在对无上的真与善的追求中达致和谐与完美。但并不是所有的爱都是真诚的,也不是所有的人都懂得什么是真正的爱、都知道如何去爱。"有时,我们认为我们爱某人,而实际上我们爱的是这个人可能给我们带来的物质利益。这不过是一种'有条件的'爱。最高境界的爱是不求回报的,为爱而爱;她并不考虑爱的对象是谁,不与任何其他事物相关联;她也不会考虑到是否有爱的回报;她的宽广的胸怀正如太阳;太阳的快乐正在于她无私地普照万物。"①教育爱即是这种"最高境界的爱","不求回报"地爱所有的学生,享受"无私地普照万物"所带来的"快乐"。教育爱让教育的世界闪耀着人性的光辉,跳跃着生命的律动,弥漫着勃勃的生机和活力。

　　教育爱蕴含着关心。教育关心即是关心全体学生的全面成长和发展,设身处地地为学生的成长和发展着想,并为了学生而执着地努力、创造各种条件和机会,让每个生命都受到深情地眷顾。教育爱离不开责任。教育责任是一种自愿的利他性行为,是对学生各种需求的积极反映,它不是外在的功利的追求,而是内心油然而生的一种恒在而持久的情感。教育爱包含着尊重。教育尊重即是顺应学生的成长和发展规律,尊重学生的个性和意愿,让每个生命有了信念的种子,在内心种下追求和超越的梦想,找寻到尊严与价值,而不是把学生变成自己的工具和仆从。教育爱从来都不能回避公平。这是由教育的公益性所决定的,教育是为了人类发展的事业,她面向的是全体未来社会的主人,所以教育爱是无差等的爱,

---

　　①　[美]约翰·马克斯·坦普尔顿.发现人生定律[M].韩慧强等译.北京:国际文化出版公司,2003.4.

是最宽广、最博大、最无私的爱，她要让每个生命体悟到真善美的永存，在教育的世界里找回快乐和幸福！

从某种意义上说，教育决策中的爱才是最根本的教育之爱。教育决策对于教育发展、教育的组织实施具有重要的定向作用和指导作用，大到国家的教育目的、教育体制，以及教育行政部门的教育政策，小到学校制定的规章制度，均体现着教育决策者对受教育者爱的程度和范围。教育决策中的爱，即是在教育决策过程中以受教育者的幸福生活为出发点和最终归宿，将培养人、发展人、为了人作为教育的根本使命。教育决策过程的科学、民主，教育决策结果的公开、公正、公平，具有普惠性，是教育决策充满爱的重要衡量标准，也是在教育的组织实施过程中具有爱的重要前提。

教育爱既是一种教育理念，也是一种教育模式，同时它应该在实践中体现为一系列的教育策略、教育手段、教育方法等。在宏观的教育政策制定下来之后，教育爱即是教育落实、教育行动和教育反思、教育校正。在宏观的教育理念解决后，教育爱应该落实到课程设置、课堂教学、考试考查等环节，体现于教师每一天的教育艺术和教学技巧之中。

爱不仅体现于教育的决策、教育的组织实施，还应该体现于教育评价之中。有什么样的教育评价就会有什么样的教育组织实施，教育评价是开展教育活动的参照系。评价的全面、科学、民主、人道，是爱在教育评价中的体现。也只有倾注了爱的教育评价，受教育者的能力和尊严才能得到真正的显现。

爱与教育具有天然的联系，教育即是一项爱的事业。爱能够促进教育的发生、教育的发展以及教育目的实现。同时，爱的普及与升华亦离不开教育。然而在现时代中，"爱"与"教育"的关系并非如"人，诗意地栖居在大地上"一样结合在一起，而是处于分离的状态。"在现代性教育中，我们提供的是一种追逐成功的竞争精神，我们的体制等各方面鼓励我们把自己的人格的优越建立在战胜他人的成功之上，人与人之间是相互嫉妒、相互怨恨的,这根本上割除了爱的精神。于是,爱不是教育的根本精神。"①这是"爱"与"教育"关系的真实写照,现实中的教育缺乏爱的精神,爱已演变成为一种利益之爱和欲望之爱,而不指向精神的崇高。因此,重新思考"爱与教育",呼唤爱向教育的回归,让爱的阳光普照教育世界,让爱的雨露滋润教育的精神和教育的行动,充盈幸福的教育生活,不仅是每个教育决策者、教育组织者、教育实施者的责任,也是教育研究者的使命。

爱与教育的结合是一个系统工程,它既需要营造经济、政治、法制、伦理、教育等内外部爱的环境,也需要更新人们对于学生、对于教育、对于教育与社会关系的认识和理解,更需要政府、学校、教师等爱的主体在教育实践中肩负起爱的责任。教育爱是爱与教育结合的表现形式。教育爱是坚定深沉、理性执着的爱,是对每一个生命的期许与守望,是一种虔诚的信念和入世的情怀,是对生命的敬畏和景仰。教育爱既是源于内心的感动,又是超越感动的理性,它不是严苛,不是娇宠,而是一种理念、一种责任、一种智慧和一种艺术。培养和激发受教育者的爱是爱与教育结合的理想之境。教育者以爱传播爱、以爱启迪爱、以爱赢得爱,才能使整个教育世界中的人都成为有爱的人,才能使教育真正成为使所有人幸福的教育。因此,要想在实践中真正达到爱与教育的结合,以至融合,则任重而道远……

---

① 金生鈜.规训与教化[M].北京:教育科学出版社,2004.366.

参考文献

一、著作类(按照首字字母顺序排列)

[1][奥]A·阿德勒.理解人性[M].陈刚,陈旭译.贵阳:贵州人民出版社,2004.

[2][巴西]弗莱雷.被压迫者教育学[M].顾建新,赵友华,何曙荣译.上海:华东师范大学出版社,2001.

[3][德]恩斯特·卡西尔.人论[M].甘阳译.上海:上海译文出版社,1985.

[4][德]M.兰德曼.哲学人类学[M].阎嘉译.贵阳:贵州人民出版社,1988.

[5][德]孙志文.现代人的焦虑和希望[M].陈永禹译.北京:生活·读书·新知三联书店,1994.

[6][德]韦伯.学术与政治[M].冯克利译.北京:生活·读书·新知三联书店,1998.

[7][德]雅斯贝尔斯.什么是教育[M].邹进译.北京:生活·读书·新知三联书店,1991.

[8][德]雅斯贝尔斯.时代的精神状况[M].上海:上海译文出版社,1997.

[9][俄]乌申斯基.乌申斯基教育文选[M].张佩珍,冯天向,郑文樾译.北京:人民教育出版社,1991.

[10][法]卢梭.爱弥尔[M].李平沤译.北京:人民教育出版社,2001.

[11][法]雅克·德里达.《友爱的政治学》及其他[M].胡继华等译.

长春:吉林人民出版社,2006.

[12][古希腊]亚里士多德.尼各马科伦理学[M].苗力田译.北京:中国社会科学出版社,1990.

[13][加]马克思·范梅南:教学机智——教育智慧的意蕴[M].李树英译.北京:教育科学出版社,2001.

[14][美]安东尼·华尔士.爱的科学[M].郭斌等译.北京:团结出版社,1999.

[15][美]蒂里希.蒂里希选集[M].何光沪译,上海:上海三联书店,1999.

[16][美]杜威.民主主义与教育[M].王承绪译.北京:人民教育出版社,1990.

[17][美]弗兰克·戈布尔.第三思潮——马斯洛心理学[M].吕明,陈红雯译.上海:上海译文出版社,1987.

[18][美]亨利·莱文.高科技、效益、筹资与改革——教育决策与管理中的重大问题[M].曾满超,钟宇平,萧今编译.北京:人民日报出版社,1995.

[19][美]霍华德·加德纳.多元智能[M].沈致隆译.北京:新华出版社,1999.

[20][美]库柏.行政伦理学:实现行政责任的途径[M].张秀琴译.北京:中国人民大学出版社,2001.

[21][美]内尔·诺丁斯.幸福与教育[M].龙宝新译.北京:教育科学出版社,2009.

[22][美]诺丁斯.学会关心:教育的另一种模式[M].于天龙译.北京:教育科学出版社,2003.

[23][美]欧文·辛格.超越的爱[M].沈彬等译.北京:中国社会科学出版社,1992.

[24][美]汤姆·L.彼彻姆.哲学的伦理学——道德哲学引论[M].雷克勤等译.北京:中国社会科学出版社,1990.

[25][日]今道友信.关于爱和美的哲学思考[M].王永丽,周浙平

译.北京:生活·读书·新知三联书店,1997.

[26][日]笠原仲二.中国古代人的美意识[M].杨若薇译.北京:生活·读书·新知三联书店,1988.

[27][苏]B.A.苏霍姆林斯基.给教师的建议(全一册)[M].杜殿坤编译.北京:教育科学出版社,1984.

[28][苏]B.A.苏霍姆林斯基.帕夫雷什中学[M].赵玮等译.北京:教育科学出版社,1983.

[29][苏]赞可夫.和教师的谈话[M].北京:教育科学出版社,1980.

[30][伊朗]拉塞克,[罗马尼亚]维迪努.从现在到2000年教育内容发展的全球展望[M].马胜利等译.北京:教育科学出版社,1996.

[31][意大利]德·亚米契斯.爱的教育[M].夏丏尊译.南京:译林出版社,1997.

[32][英]A·J汤因比,[日]池田大作.展望二十一世纪——汤因比与池田大作对话录[M].荀春生等译.北京:国际文化出版社,1985.

[33][英]伯特兰·罗素.教育与美好生活[M].杨汉麟译.石家庄:河北人民出版社,2001.

[34][英]德斯蒙德·莫里斯.人类动物园[M].刘文荣译.上海:文汇出版社,2002.

[35][英]斯宾塞.教育论[M].北京:人民教育出版社,1962.

[36]埃里希·弗洛姆.爱的艺术[M].刘福堂译.合肥:安徽文艺出版社,1986.

[37]艾略特.艾略特诗学文集[M].王恩衷编译.北京:国际文化出版公司,1989.

[38]柏拉图.理想国[M].郭斌和,张竹明译.北京:商务印书馆,1986.

[39]陈桂生.教育学视界辨析[M].上海:华东师范大学出版社,1997.

[40]陈嘉明.建构与范导——康德哲学的方法论[M].北京:社会科学文献出版社,1992.

[41]陈琦,刘儒敏.当代教育心理学[M].北京:北京师范大学出版社,2007.

[42]大卫·M.列文.倾听着的自我[M].程志民等译.西安:陕西人民出版社,1997.

[43]大卫·洛耶.达尔文:爱的理论[M].单继刚译.北京:中国社会科学文献出版社,2004.

[44]邓小平.邓小平文选[M].北京:人民出版社,1993.

[45]冯建军.生命与教育[M].北京:教育科学出版社,2004.

[46]冯友兰.中国哲学简史[M].北京:北京大学出版社,1995.

[47]弗莱彻.境界伦理学[M].程立显译.北京:社会科学出版社,1989.

[48]傅维利.教师职业道德教育指南[M].北京:高等教育出版社,2002.

[49]改革开放30年中国教育改革与发展课题组.教育大国的崛起:1978—2008[M].北京:教育科学出版社,2008.

[50]高清海.哲学的奥秘[M].长春:吉林人民出版社,1997.

[51]格林伦.课堂教育心理学[M].昆明:云南人民出版社,1983.

[52]顾明远.民族文化传统和教育现代化[M].北京:北京师范大学出版社,1998.

[53]顾明远主编.热点问题冷思考:透视中国基础教育[M].北京:教育科学出版社,2010.

[54]郭沫若.郭沫若全集[M].北京:科学出版社,2002.

[55]郭志鹏.公平与效率新论[M].北京:解放军出版社,2001.

[56]国家教育委员会办公厅.中国教育改革和发展文献选编[M].北京:人民教育出版社,1993.

[57]海德格尔.海德格尔选集[M].孙周兴选编.上海:上海三联书店,1996.

[58]郝德永.课程与文化:一个后现代的检视[M].北京:教育科学出版社,2002.

[59]郝文武.教育哲学研究:面向当代教师教育的教育科学研究(理论卷)[M].北京:教育科学出版社,2009.

[60]贺麟.文化与人生[M].北京:商务印书馆,1998.

[61]侯晶晶.关怀德育论[M].北京:人民教育出版社,2005.

[62]胡鞍钢主编.中国战略构想[M].杭州:浙江人民出版社,2002.

[63]胡德海.教育学原理[M].兰州:甘肃教育出版社,1998.

[64]胡向荣.师爱论[M].长沙:湖南大学出版社,2004.

[65]黄济,王策三.现代教育论[M].北京:人民教育出版社,1996.

[66]教育部人事司组编.高等教育法规概论[M].北京:北京师范大学出版社,1999.

[67]教育部新闻办公室,中央教育科学研究所组织编写.对话教育热点问题(彩色版)2010[M].北京:教育科学出版社,2011.

[68]教育大辞典编纂委员会编.教育大辞典[M].上海:上海教育出版社,1990.

[69]金生鈜.规训与教化[M].北京:教育科学出版社,2004.

[70]金生鈜.理解与教育——走向哲学解释学的教育哲学导论[M].北京:教育科学出版社,1997.

[71]瞿葆奎主编.教育学文集[M].北京:人民教育出版社,1989.

[72]卡·马克思,弗·恩格斯.马克思恩格斯全集[M].中共中央马克思恩格斯列宁斯大林著作编译局译.北京:人民出版社,1960.

[73]康拉德·洛伦茨.文明人类的八大罪孽[M].合肥:安徽文艺出版社,2000.

[74]李春秋主编.教育伦理学概论[M].北京:北京师范大学出版社,1993.

[75]李镇西.民主与教育——一个中学教师对民主教育的思考[M].广西:漓江出版社,2007.

[76]联合国教科文总部中文科译.教育——财富蕴藏其中[M].北京:教育科学出版社,1996.

[77]联合国教科文组织国际教育发展委员会编著.学会生存——教

育世界的今天和明天[M].北京:教育科学出版社,1996.

　　[78]梁启超.梁启超选集[M].上海:上海人民出版社,1984.

　　[79]林崇德.教育的智慧:写给中小学教师[M].北京:开明出版社,1999.

　　[80]刘次林.幸福教育论[M].北京:人民教育出版社,2003.

　　[81]刘峰.人与教育[M].长沙:湖南教育出版社,1988.

　　[82]刘庆昌.教育者的哲学[M].北京:中国社会出版社,2004.

　　[83]刘铁芳.回到教育原点——时代冲突中的教育理念[M].上海:华东师范大学出版社,2006.

　　[84]刘云彬.学校生活社会学[M].南京:南京师范大学出版社,2000.

　　[85]刘志山.真善美的哲学与教育[M].北京:中国社会科学出版社,2004.

　　[86]柳海民.当代教育理论专题[M].长春:东北师范大学出版社,2002.

　　[87]柳海民.教育原理[M].长春:东北师范大学出版社,2006.

　　[88]陆有铨.躁动的百年——20世纪的教育历程[M].济南:山东教育出版社,1997.

　　[89]马克思.1844年经济学哲学手稿[M].北京:人民出版社,2000.

　　[90]马克思·范南梅.生活体验研究[M].宋广文等译.北京:教育科学出版社,2003.

　　[91]毛泽东.毛泽东论教育[M].北京:人民教育出版社,2008.

　　[92]毛泽东.毛泽东选集[M].北京:人民出版社,1991.

　　[93]孟子.孟子[M].吴天明,程继松评析.武汉:崇文书局,2004.

　　[94]墨子.墨子[M].王学典编译.北京:中国纺织出版社,2007.

　　[95]丘景尼.教育伦理学[M].福州:福建教育出版社,2011.

　　[96]曲铁华,周晓红主编.教师学与教学论[M].长春:东北师范大学出版社,2006.

　　[97]曲铁华编著.中国教育发展史纲[M].长春:东北师范大学出版

社,2006.

[98]施修华,严缘华主编.教育伦理学[M].上海:上海科学普及出版社,1989.

[99]苏霍姆林斯基.教育的艺术[M].长沙:湖南教育出版社,1983.

[100]苏君阳.公正与教育[M].北京:北京师范大学出版社,2008.

[101]孙彩平.教育的伦理精神[M].太原:山西教育出版社,2004.

[102]孙孔懿.教育失误论[M].南京:江苏教育出版社,1997.

[103]孙培青主编.中国教育史[M].上海:华东师范大学出版社,1992.

[104]孙庆斌.勒维纳斯:为他人的伦理诉求[M].哈尔滨:黑龙江大学出版社,2009.

[105]孙正聿,李璐玮.现代教养[M].长春:吉林教育出版社,1996.

[106]孙正聿.哲学通论[M].沈阳:辽宁人民出版社,1998.

[107]檀传宝.教师伦理学专题:教育伦理范畴研究[M].北京:北京师范大学出版社,2000.

[108]汤成沅编.金石大字典[M].北京:中国书店,1995.

[109]陶行知.陶行知全集[M].长沙:湖南教育出版社,1984.

[110]陶志琼.教师的境界与教育[M].北京:北京师范大学出版社,2006.

[111]王北生.教学艺术论(修订本)[M].开封:河南大学出版社,2001.

[112]王本陆.教育崇善论[M].广州:广东教育出版社,2001.

[113]王逢贤.优教与忧思[M].北京:人民教育出版社,2004.

[114]王坤庆.教育基本理论研究[M].合肥:安徽教育出版社,2008.

[115]王坤庆.精神与教育[M].武汉:华中师范大学出版社,2008.

[116]王坤庆.现代教育哲学[M].武汉:华中师范大学出版社,1996.

[117]王正平主编.教育伦理学[M].上海:上海人民出版社,1988.

[118]魏书生.心灵的轨迹——魏书生日记选[M].沈阳:沈阳出版社,2000.

［119］吴安春.德性教师论［M］.人民教育出版社,2003.

［120］吴光远,李慧.弗洛姆:有爱才有幸福［M］.北京:新世界出版社,2006.

［121］吴俊升.教育哲学大纲［M］.福州:福建教育出版社,2011.

［122］西季威克.伦理学方法［M］.廖申白译.北京:中国社会科学出版社,1997.

［123］萧宗六.学校管理学［M］.北京:人民教育出版社,1994.

［124］谢维和.教育活动的社会学分析———一种教育社会学的研究［M］.北京:教育科学出版社,2000.

［125］鄢烈山,何保胜编.杞人忧师:拯救中国教育［M］.北京:中华工商联合出版社,1999.

［126］杨兆山.教育学———培养人的科学与艺术［M］.长春:东北师范大学出版社,2003.

［127］姚伟.儿童观及其时代性转换［M］.长春:东北师范大学出版社,2007.

［128］叶澜.教育概论［M］.北京:人民教育出版社,1991.

［129］伊丽莎白·劳伦斯.现代教育的起源和发展［M］.纪晓林译.北京:北京语言学院出版社,1992.

［130］于伟.现代性与教育［M］.北京:北京师范大学出版社,2006.

［131］曾荣光.香港教育政策分析:社会学的视域［M］.香港:三联书店(香港)有限公司,1998.

［132］张焕庭.西方资产阶级教育论著选［M］.北京:人民教育出版社,1979.

［133］张玲,康凤琴编.论语［M］.乌鲁木齐:新疆人民出版社, 2006.

［134］张淑娟.图解教育学［M］.台北市:易博士文化出版;家庭传媒城邦分公司发行,2006［民95］.

［135］张志平.西方哲学十二讲［M］.重庆:重庆出版社,2008.

［136］张志伟,欧阳谦.西方哲学智慧［M］.北京:中国人民大学出版社,2000.

[137]赵汀阳.论可能生活[M].北京:中国人民大学出版社,2010.

[138]赵中建编.教育的使命:面向二十一世纪的教育宣言和行动纲领[M].北京:教育科学出版社,1996.

[139]赵中建主译.全球教育发展的历史轨迹——国际教育大会60年建议书[M].北京:教育科学出版社,1999.

[140]郑金洲.教育通论[M].华东师范大学出版社,2002.

[141]中国大百科全书总编辑委员会《教育》编辑委员会.中国大百科全书·教育[M].北京:中国大百科全书出版社,1985.

[142]中国大百科全书总编辑委员会《哲学》编辑委员会.中国大百科全书·哲学[M].北京:中国大百科全书出版社,1987.

[143]钟国兴.社会选择论[M].北京:人民出版社,1987.

[144]周浩波.教育哲学[M].北京:人民教育出版社,2000.

[145]周治华.伦理学视域中的尊重[M].上海:上海人民出版社,2009.

[146]朱小蔓.情感教育论纲[M].北京:人民出版社,2008.

[147]朱小蔓等.教育职场:教师的道德成长[M].北京:教育科学出版社,2004.

[148]Agnes Heller. Everyday Life[M]. London:Routledge and Kegan Paul,1984.

[149] Harry Brighouse . On Education [M]. New York:Routledge,2006.

[150]J. P. Miller. Education And The Soul:Toward A Spiritual[M].New York:State University Of New York Press,2000.

[151]Michael W Apple. Ideology and Curriculum[M]. Routledgefalmer, 2004,the third edition.

[152]Nel Noddings, Happiness and Education[M]. Cambridge :Cambridge University Press, 2003.

[153] Peters R S. Ethic and Education [M]. London:Allenand Unwin,1966.

二、论文类(按照首字字母顺序排列)

[1]曹辉,朱春英.论大学生幸福教育的基本内涵[J].教育探索,2008(1).

[2]崔振成.教育责任意识的缺失与重构[J].辽宁师范大学学报(社会科学版),2008(5).

[3]范先佐.构建"以省为主"的农村义务教育财政体制[J].华中师范大学学报(人文社科版),2006(2).

[4]冯建军.教育幸福:教师专业发展的重要维度[J].人民教育,2008(6).

[5]傅维利.关于价值观教育的几点思考[J].高等师范教育研究,1995(4).

[6]傅维利.论教育中的惩罚[J].教育研究,2007(10).

[7]甘剑梅.论"关心"的教育品性[J].教育理论与实践,2002(12).

[8]高德胜.论爱与教育爱[J].教育研究与实验,2009(3).

[9]高文毅.简论教育爱[J].现代教育科学,2004(13).

[10]金生鈜.中国教育制度变革滞后带来的三个问题[J].中国教育学刊,2008(12).

[11]李爱良.农村义务教育管理体制的困难与变革[J].教育发展研究,2006(5A).

[12]李慧.教育公平与教育效率关系再探[J].教育与经济,2000(3).

[13]李伟言.教育应如何理解爱[J].福建论坛,2009(9).

[14]连建华.论基础教育阶段政府的教育责任[J].河南师范大学学报(哲学社会科学版),2009(2).

[15]梁明伟.教育关怀:现代社会必要的教育理念[J].教育理论与实践,2004(6).

[16]梁明伟.教育关怀:新时期我国教育价值取向的转型[J].当代教育科学,2005(23).

[17]梁明伟.论教育关怀的制度安排[J].教育科学,2006(1).

[18]刘复兴.我国教育政策的公平性与公平机制[J].教育研究,2002(10).

[19]刘复兴.政府的基本教育责任:供给"公平"的教育政策[J].北京师范大学学报(社会科学版),2008(4).

[20]刘庆昌.关于正爱童心[J].山西大学师范学院学报(哲学社会科学版),1998(1).

[21]刘庆昌.论教育的起源、发展与消亡[J].山西大学师范学院学报(哲学社会科学版),1999(1).

[22]刘庆昌.让幸福走进教育过程[J].教育理论与实践,2008(4).

[23]刘文琪.尊重:教育的应有之意[J].上海教育科研,2008(4).

[24]柳海民,史宁中.探寻培养创新人才的可行路径[J].中国高等教育,2011(2).

[25]鲁超.尊重教育文化要素之重构探析[J].当代教育论坛,2009(9)(下半月刊).

[26]鲁洁.道德教育:一种超越[J].中国教育学刊,1994(6).

[27]鲁洁.教育的原点:育人[J].华东师范大学学报(教育科学版),2008(12).

[28]鲁洁.试论德育之个体享用性功能[J].教育研究,1994(6).

[29]陆有铨."道德"是道德教育有效性的依据[J].中国德育,2008(10).

[30]彭时代.教育爱:现代大学的核心理念[J].湖南师范大学教育科学学报,2006(5).

[31]秦元东.教育爱的三种境界[J].上海教育科研,2008(6).

[32]曲振国.论教育关怀的制度保障[J].教育探索,2007(11).

[33]石鸥.教学未必都神圣——试论教学病理学的建构[J].湖南师范大学社会科学学报,1999(2).

[34]石中英.关于当代道德教育问题的讨论[J].教育研究,1996(7).

[35]石中英.论现代教育的"深度"[J].教育理论与实践,1998(3).

[36]宋晔.教育关怀:现代教育的道德向度[J].教育理论与实践,2007(10).

[37]田慧生.时代呼唤教育智慧及智能型教师[J].教育研究,2005(2).

[38]田正平.教育公平新论[J].清华大学教育研究,2002(1).

[39]王北生.教育的人性基础与人性化教育[J].教育科学,2010(4).

[40]王北生.论教育的生命意识及生命教育的四重构建[J].教育研究,2004(5).

[41]王长乐.教育精神的内在规定性及研究意义[J].天中学刊,2002(3).

[42]王逢贤.爱的教育、陶冶教育新探[J].东北师范大学学报(文科版),1980(2).

[43]王澍,柳海民.论尊重与"尊重的教育"[J].东北师范大学学报(哲学社会科学版),2009(3).

[44]王燕.伦理学视阈中的教育起源论析[J].山西师大学报(社会科学版),2009(7).

[45]王毓珣.关于教育爱的理性思索[J].中国教育学刊,2001(4).

[46]魏林灵.对传统教育观的反思[J].浙江传媒学院学报,2005(3).

[47]吴康宁.教育研究应研究什么样的"问题"[J].教育研究,2002(11).

[48]肖昕华.从罗尔斯的正义原则解读教育爱[J].大学教育科学,2006(5).

[49]谢桂新,柳海民.教育爱的新视界[J].教育科学,2011(3).

[50]谢桂新,柳海民.陶冶教育的理论基础与实践策略探析[J].教育探索,2011(4).

[51]颜建军.教育爱的失落——师生关系中反和谐的病理分析[J].

全球教育展望,2004(6).

[52]杨东平.对我国教育公平问题的认识和思考[J].教育发展研究,2000(8).

[53]杨钦芬.教育爱:意蕴、特点与践行[J].现代中小学教育,2009(1).

[54]曾水兵.基础教育改革:公正价值的缺失与重建[J].教学与管理,2007(6).

[55]翟博.育人为本:教育思想理念的重大创新[J].教育研究,2011(1).

[56]张斌贤.试论公民教育的意义、动力和实施途径[J].教育评论,1997(3).

[57]朱光明.透视教育现象学:透视教育现象中的三个问题[J].外国教育研究,2007(11).

[58]崔德华.爱育论[D]:[博士学位论文].长春:东北师范大学,2007.

[59]刘欣.由教育政策走向教育公平——我国基础教育政策的公平机制研究[D]:[博士学位论文].武汉:华中师范大学,2008.

[60]吕星宇.论教育过程公平[D]:[博士学位论文].上海:华东师范大学,2009.

[61]吴亚林.价值与教育[D]:[博士学位论文].武汉:华中师范大学,2006.

[62]鄢静.我国都市成年人关于爱的隐含理论研究[D]:[硕士学位论文].上海:华东师范大学,2004.

[63]朱永坤.教育政策公平性研究[D]:[博士学位论文].长春:东北师范大学,2008.

[64]Andrew Reid. The Value of Education[J]. Journal of Philosophy of Education, Vol. 32, No. 3,1998.

[65]Bauman. Modernity as History of Time [J]. Concept and Transformation,1999(4).

[66] Erricker, Jane. Thinking about difference [J]. International Journal of Children's Spirituality, 2005(3).

[67] Kathie F. Nunley. Leyered Curriculum Brings Teachers to Tiers [J]. The Education Digest, 2003(9).

[68] LIISA. MYYRY and KLAUS HELKAMA. The Role of value priorities and professional. ethics Training in moral sensitivity[J]. Journal of moral education vol. 31. no. 1, 2002.

[69] Mardi Horowitz and Hansjoerg Znoj. Emotional Control Theory and the Concept of Defense: A Teaching Document[J]. Journal of Psychotherapy Practice and Research. 1999, 8(3).

后　记

　　本书是在我的博士学位论文的基础上修改而成的。选择这样一个既需要有较深邃的哲学思辨能力，又需要有较敏锐的实践透视能力的题目进行研究，对于我来说是一个较大的挑战。写论文的时候我还在北方的一所工科院校从事教学管理工作，博士毕业后我即来到南方的一所师范院校从事教学科研工作。时空的变换，角色的更替，思想的成长，令我再来回看当初的论文时，不免觉得有些浅薄，甚至有些牵强。但是如若按照现在的标准修改起来，文章可能会面目全非。因此，本次的出版修改，只是对论文框架进行了一些小的调整，对全文字、词、句进行了重新梳理，并未在观点、理论上做大的变动。权将此书做为本人学术成长轨迹的一个见证，见证当时的自己，见证当时当地的"爱与教育"。

　　本书的选题、写作、修改成稿都是在导师柳海民教授的精心指导下完成的。师从柳海民教授，这是我人生中最大的荣幸。柳老师在学术上的高屋建瓴，在讲课时的深入浅出，在工作中的严谨负责，在生活里的幽默风趣、挥洒自如，无不成为我学习和效仿的榜样。柳老师对我的指导并不仅仅是字斟句酌式的，他总能在关键时刻让我增强信心、明确方向、理清思路、找到出口。也正是在柳老师的带领下，我走进了真正意义上的学术大门，逐渐领略了学会学习、学会读书、学会研究、学会写作的真谛。感谢导师当年不嫌弃我的冒昧和浅薄而带领我走进师门，感谢导师在我对论题混沌不清时帮我拨云见日，感谢导师在本书撰写的关键时刻给我带来重要的参考资料……导师不仅在事业上取得了成功，而且还有一个幸福美满的家庭。师母徐桂荣老师贤淑美丽，内外兼修，是柳门弟子生活上的顾问和导师，对我的一次次讨扰和请教不厌其烦。无论我身在何处，导师和师母都将是我心中永远的牵挂。

在本书的写作过程中，我的硕士研究生导师赵宏义先生也给我提出了宝贵的意见和建议。虽然未向赵老师当面道谢，但是感恩之情长存于我的心中。另外，我要感谢的是在开题和预答辩中给予我宝贵意见和建议的各位专家和学者，他们是孙鹤娟教授、于伟教授、杨兆山教授、曲铁华教授、姚伟教授、秦玉友教授、孙彩平教授。特别是在开题之后与孙彩平教授的一次交谈，使我进一步坚定了信心，开阔了视野，理清了思路。此外，我还要感谢的是尊敬的王逢贤先生，王先生将其个人专著赠送给我，同时他老人家的睿智和卓识对我产生了深刻的影响和启发。我也要感谢陈旭远教授、王凌皓教授、杨颖秀教授、邬志辉教授多年来对我的关心和帮助。

我还要感谢东北师范大学教育科学学院、研究生院、图书馆的各位领导和老师在我攻读博士学位期间给予的帮助和关怀，使我能够顺利完成学业。感谢论文外审的各位专家、答辩委员会的各位专家为本书的完善和修改成形提供重要的指导意见和建议。感谢本书所引证和参阅的文献的各位作者，这些研究成果为本书提供了丰富的理论资源。

我也要感谢在东北师范大学读书期间的各位同学、同窗、同门的兄弟姐妹们。感谢在师门的"博喻论坛"上，周霖、杨进、王漱、林丹、卜庆刚、刘霖芳等师兄师弟师姐师妹们为本书提出的宝贵意见和建议。感谢在即将毕业的日子里与我一起奋斗、给予我支持和帮助的姚玉香、王凤英、刘津池。感谢几年来在学习和生活等方面给予我帮助的李洪修、吴琼、朱永坤、王红岩、娜仁高娃、王燕敏、杨清溪、曾茂林、郭飞君、武正翔、蒋春洋、孙晓冰、王文邦、刘霞等同学。感谢师姐周晓红、金美福、常艳芳、卢艳红对我的帮助和鼓励。感谢师兄朱成科对本书写作的指点，并提供了重要的参考书目。

在本书的构思和写作过程中，我得到了吉林师范大学附属中学副校长刘业富老师的指点和启发。刘老师是20年前我在梨树师范学校读书期间的教育学、心理学老师，是第一个带领我认识教育学世界的人。刘老师渊博的学识、独到的见解，以及深厚的教育教学理论功底等，都对我的学习和人生发展产生过重要影响。在此，我诚挚地向刘老师道一声：

谢谢!

最后,我要感谢我的家人。感谢能理解并支持我坚持完成学业的丈夫崔绍怀博士,他在完成了自己的学业之后,马上承担起全部家务,成为我生活中的助理,学习上的榜样和顾问,论文初稿完成后,他则是第一个读者也是最为认真的校稿员。感谢我的父母和女儿,他(她)们是我不断前进的动力。由于读博而错失了许多与他(她)们享受天伦之乐的时间,感谢他(她)们对于我的任何选择的无条件支持!今天,父母已经离开了我,正所谓"子欲养而亲不待",个中滋味,只有亲身体会过了才能知道。今后,我会把对父母的爱寄情于教育,在探索爱与教育的路上不断前行。我想,子女的进步和成功,是对父母最大的安慰吧!

再次向为本书的写作和出版提供帮助的所有人表示深深的感谢!特别感谢吉林大学出版社朱进编辑对本书的校正和编辑!由于笔者的学识和能力有限,在书中一定存在纰漏与不足之处,恳请各位专家学者给予批评指正!

谢桂新

2018 年 8 月 10 月